한국학의 진로

조동일

서울대학교 불문과·국문과 졸업, 문학박사
계명대학교, 영남대학교, 한국학대학원, 서울대학교 교수 역임
서울대학교 명예교수, 대한민국학술원 회원
《한국문학통사 1~6》, 《하나이면서 여럿인 동아시아문학》, 《세계문학사의 전개》,
《동아시아문명론》, 《학문론》 등 저서 60여 종.

한국학의 진로

초판 1쇄 인쇄 2014. 10. 22.
초판 1쇄 발행 2014. 10. 29.

지은이 조 동 일
펴낸이 김 경 희

경 영 강 숙 자
영 업 문 영 준
경 리 김 양 헌
펴낸곳 ㈜지식산업사
본사 ● 경기도 파주시 광인사길 53(문발동 520-12)
　전화 (031)955-4226~7 팩스 (031)955-4228
서울사무소 ● 서울시 종로구 자하문로6길 18-7(통의동 35-18)
　전화 (02)734-1978　팩스 (02)720-7900
한글문패　　지식산업사
영문문패　　www.jisik.co.kr
전자우편　　jsp@jisik.co.kr
등록번호　　1-363
등록날짜　　1969. 5. 8.

책값은 뒤표지에 있습니다.

ISBN　978-89-423-6316-2　(93150)

이 책을 읽고 지은이에게 문의하고자 하는 이는
지식산업사 전자우편으로 연락 바랍니다.

한국학의 진로

조 동 일

지식산업사

머리말

　《학문론》이라는 책을 내놓고 몇 해가 지났다. 거기서 학문에 관해 해야 할 말을 다 하지 못하고, 발전시켜야 할 논의가 이어지고 있어 속편이 필요하다. 서론이나 일반론은 더 펼치지 않고, 해야 할 일을 명시하는 데 힘을 기울여 《한국학의 진로》라는 제목으로 집약되는 내용을 갖춘다.

　〈한국학의 전통과 혁신〉은 한국학의 과거·현재·미래를 다 살피는 전반적인 논의이다. 〈밑에서 시작하는 창조〉는 창조학의 근본을 다지는 원천과 방향에 대한 재검토이다. 〈문명 전환기에 해야 할 일〉에서는 근대 다음 시대로 나아가는 새로운 학문을 하는 길을 열고자 한다. 〈지식인과 선비, 두 학문을 하나로〉는 유럽과 동아시아 두 문명권의 학문을 통합하는 방안을 찾기 위한 시도이다. 〈대구경북학이 나아갈 길〉에서는 본보기가 되는 사례를 들어 지방학의 의의와 방향을 제시한다.

〈세계에 공헌하는 한류 학문〉은 공연 문화 한류가 세계적으로 확산되는 이유를 해명하고, 공연과 협동하는 학문을 하는 방안을 모색하는 논의이다. 〈한·일 전통극 비교론〉에서는 거리가 아주 먼 사례를 들어 두 나라 문화 전통과 오늘날 학풍의 상극이 상생이게 하려고 한다. "Korean Studies in the Global Age"는 한국학의 바람직한 진로를 널리 알리고 국제적인 논의를 요청한다.

모두 심각하게 제기된 문제와의 대결이며 치열한 논란을 내용으로 한다. 여섯은 국내외 학술회의에서 주최 측의 요청에 따라 기조 발표를 한 것이다. 그 유래를 글 서두에서 밝힌다. 논문으로 쓴 둘에 관해서 하나는 사전에 국내에서, 또 하나는 사후에 외국에서 심각한 토론을 벌였다. 글 여덟 편이 각기 별개이지만 연관성을 가지고 맞물려 있다. 가까이서 시작해 멀리 나아가면서, 논의의 범위가 더욱 확대되고 논증이 한층 복잡해지는 순서로 배열한다.

다시 읽어보니, 중언부언을 일삼고, 중복 서술이 적지 않다. 손질해 가다듬어야 마땅하지만, 발표할 때에 그 나름대로의 사정 때문에 필요한 내용이었으므로 원래의 모습을 살려둔다. 집약하고 확장하는 서술 방법이 일정하지 않은 것도 상황에 따른 선택이어서 조절하지 않는다. 영어로 쓴 글을 번역하지 않고 원문 그대로 내보여 발표 현장에 다가갈 수 있게 한다. 한자가 꼭 필요한 것은 노출해 정확한 전달에 지장이 없도록 한다. 자세한 정보를 제공하다 보니 각주가 지나칠 정도로 길고 복잡한 것들도 있다. 각주에서는 외국어 자료를 원래의 형태로 인용해 증거력을 높인다.

쉽게 풀어내려고 하지 말고 갖추어야 할 것을 갖추어야 학문다운 학문을 할 수 있으니 양해하기 바란다. 대중용 해설이 아닌 연구의 실물을 내놓아야 서론을 되풀이하지 않고 본론에 들어갈 수 있다. 기본 논지를 찾아내 차근차근 뜯어보면서 학문에 동참하는 즐거움을 누리기 바란다. 지나치게 장황한 서술은 상대하지 않고 두었다가 필요할 때 이용하면 된다.

원고를 읽고 검토해준 윤동재·임재해·안장리·신동흔·김영숙·오상택·안동준·이민희·정소연·허남춘·김성룡·서영숙·이경하·이인경·김헌선 학우들에게 감사한다. 계속 많이 도와주어 힘든 일을 해낼 수 있다. 젊음의 열기를 가까이 하고 있어 시간 진행이 지연된다는 말도 하고 싶다.

2014년 9월 8일 한가윗날
조동일

차 례

8

한국학의 전통과 혁신[1]

머리말

한국학은 오랜 전통을 지니고 혁신을 거듭해왔다. 이에 대한 고찰이 한국학의 진로 모색을 위한 선행 작업으로서 긴요한 의의가 있다. 21세기가 시작되고 10여 년이 지난 오늘날의 시점에서 한국학의 전통을 되돌아보고, 혁신의 과정과 방향을 살피고자 한다. 한국의 한국학이 세계의 한국학으로 나아가는 것을 혁신의 목표로 삼고 실현 방안을 찾는 데 이르고자 한다.

전통과 혁신은 배타적이지 않고 상보적이다. 혁신은 전통 거부이지만 전통에 의거해야 한다. 여러 가닥의 전통 가운데 권위를

1) 이 글은 2012년 9월 25일 한국학중앙연구원 "세계한국학대회"에서 기조 발표를 한 원고이다. 영역 "Tradition and Innovation in Korean Studies", *The Review of Korean Studies* vol. 15 no. 2 (Seongnam: The Academy of Korean Studies, 2012)가 있다.

자랑하다가 빛바랜 전통을 거부하고, 훼손되지 않아 신선한 전통에서 대안을 찾아 잠재된 가치를 실현해야 혁신이 이루어진다. 한국의 한국학이 세계의 한국학으로 나아가려면 전통에 의거한 혁신에서 새로운 창조의 성과가 있어야 한다.

세계의 한국학이란 (가) 세계에 개방되고, (나) 세계와 교류하고, (다) 세계를 위해 공헌하는 학문이다. 한국학을 하는 나라나 학자가 늘어나 (가)로 나아가고 있지만, 참여의 확대와 내용의 다양화가 계속 요망된다. (나)는 한국학과 다른 많은 나라의 자국학 또는 자국학 이외 여러 학문의 비교 연구에서 실현되고, 국내외의 협동이 바람직하다. (다)에서는 한국학이 인류의 고민 또는 세계사의 위기 해결에 기여해야 하므로, 최상의 전통을 비약의 발판으로 삼아 세계 학문을 혁신하는 수준의 이론을 창조해야 한다.

이 셋 가운데 (가)는 누구나 관심을 가지고 있어 새삼스럽게 거론하지 않기로 한다. (나)를 거쳐서 (다)로 나아가는 전환은 성과가 미미하고 인식이 부족하기까지 하므로 힘써 논의해야 한다. 이미 한 시도가 《우리 학문의 길》(서울: 지식산업사, 1993);《인문학문의 사명》(서울: 서울대학교출판부, 1997);《세계·지방화시대의 한국학》 전10권 (대구: 계명대학교출판부, 2005-2009);《학문론》(서울: 지식산업사, 2012) 등에 있는데 모두 장황하거나 미흡하다. 긴요한 내용을 간추려 더욱 선명해진 문제의식에 따라 재론하기로 한다.

국학의 유래와 변천

오늘날 하고 있는 한국학은 국학에서 유래했다. '國學'은 '국'이 '국가'이고 '학'은 '학교'여서 원래 국가에서 세운 교육기관을 뜻했다. 나라 학문이라는 뜻의 국학은 '國史'에서 비롯했다. 일찍이 545년에 신라에서 "국사는 군신의 선악을 기록해 포폄을 만대에 보이는 것이니, 편찬해두지 않으면 후대에 무엇을 보겠는가?"(國史者 記君臣之善惡 示褒貶於萬代 不有修撰 後代何觀, 《삼국사기》 진흥왕 6년)라고 했다. 국사를 서술해 후대에 전하는 학문을 해야 문명국일 수 있다는 말이다.

나라를 일컬을 때에는 '東國'이라고 하는 것이 관례였다. '東'만 가지고 나라 이름을 삼기도 하고, '海東'이라는 말도 썼다. 《東國通鑑》, 《東國輿地勝覽》, 《東文選》, 《東人詩話》, 《海東繹史》, 《海東歌謠》 등이 그런 예이다. 국·동국·해동에 관한 연구가 국학이다. 국학은 오랜 내력을 지니고 많은 업적이 남아 있다. 특히 15세기에는 국가사업으로, 18세기에는 민간 학자들이 분발해 여러 분야에서 뛰어난 저작을 남겼다. 그 유산을 물려받아 활용하기 위해 계속 힘써야 한다.

대한제국 시대에는 '本國學'이라는 말을 쓰면서 '本國學'과 '外國學'을 균등하게 해야 한다고 했다. 동아시아문명의 유산을 외국학의 영역으로 삼은 것이 획기적인 전환이었다. 일제강점기에는 나라가 없어져 일컫지 못하게 된 '국'을 지역명 '조선'으로 바꾸어

'조선학'이라는 용어를 사용했다. 조선학을 국학이라고 한 것은 광복 뒤의 명명인데, 소급해서 쓸 수 있다.

조선학이라고 하던 시기의 국학은 민족문화운동과 함께 성장하고, 동아시아문명의 보편주의에서 벗어나 독자적인 민족주의 정립의 정신적 근거를 찾는 것을 목표로 했다. 근대가 요구하는 학문을 스스로 이룩하기 위해 오랜 내력을 가진 중세의 학식을 새롭게 활용하려고 했다. 최남선, 신채호, 문일평, 안확, 안재홍 등의 선각자들이 식민지 통치 시기의 불리한 여건을 무릅쓰고 일제히 분발했다.

최남선은 국내에서, 신채호는 해외 망명지에서 순응과 항거의 상이한 자세로 학문을 했으나 기본 발상이 상통했다. 최남선은 민족 고유의 정신이 단군 시대에는 크게 떨쳐 '不咸'(붉)이라고 일컬은 광명을 존숭하는 거대한 문명을 이룬 유산을 이어받아야 한다고 했다. 신채호는 불교와 유교를 받아들여 이른 시기의 진취적인 기상을 잃은 것이 민족사의 최대 불행이었다고 하고, 郎家思想이라고 일컬은 고유의 주체의식을 새롭게 계승해 민족해방투쟁의 정신으로 삼자고 역설했다.

문일평은 다양한 연구를 진행하면서 〈조선학의 의의〉라는 총론을 폈다. 조선학은 "광의로는 종교·철학·예술·민속·전설할 것 없이 조선연구의 학적 대상이 될 만한 것은 모두 포함한 것이나, 협의로는 조선어·조선사를 비롯하여 순조선문학 같은 것을 주로 지칭하여야 하겠다"고 했다. "엄정한 입장에서 조선학이란 광의

보다도 협의로 해석하는 것이 옳다"고 하고, "특히 조선학이 儒佛學과 대립하는 경우에 이르러서는 협의"를 택해야 한다고 했다. 동아시아문명과 구별되는 민족문화 연구가 국학이라고 했다.

최남선·신채호·문일평의 국학을 국학 I이라고 하자. 이와는 구별되는 국학 II도 있어 다른 길을 열었다. 안확은 외래문화가 들어와 민족문화를 손상했다고 개탄하지 말아야 한다고 했다. 배타적인 태도로 고유문화를 옹호하는 풍조에 맞서서, 동아시아문명이 민족문화 발전에 활용되어 소중한 가치가 있다는 견해의 정립을 선도했다. 유교와 불교를 받아들여 민족문화의 발전을 촉진하고 민족문화를 풍부하게 한 것을 평가하는 관점에서 《조선문학사》를 썼다. 과거가 잘못되었다고 나무라기만 하면서 허무주의에 빠지는 것을 경계하고 '自己長處' 탐구에 힘써야 한다고 했다. 《조선문명사》에서는 망국의 원천이라고 규탄되던 당쟁이 정책대결로서 긍정적인 의의가 있었음을 밝혀 논했다.

안재홍은 〈조선학의 문제〉에서 국학 II의 목표를 분명하게 했다. "우리 자신의 문화 및 그 사상에서 조선적이면서 세계적이요, 세계적이면서 조선 및 조선인적인 제3 新生的인", "현대에서 세련된 새로운 자아를 창건"하자고 했다. "신생적인 사회를" "장래에 창건하자는 숭고하고 엄숙한 현실의 필요에서 출발"하는 학문을 하자고 했다. 조선적이면서 세계적이고, 세계적이면서 조선적인 학문을 해야 한다고 했다. 조선적인 것과 세계적인 것이 둘로 나뉘어 있는 폐단을 시정하고 그 둘을 아우르는 제3의 노선을 정립해 정신적 각성과 사회 개조의 지침으로 삼아야 한다고 했다.

한국학으로의 전환과 노선 분화

식민지 통치자 일본 제국은 한국인의 국학이 민족의식을 고양하고 민족해방운동을 고취하지 못하게 막으려고 했다. 조선학 연구의 주도권을 장악해 식민지 통치를 위태롭게 하는 사태가 일어나지 않게 하려고 했다. 민족 감정에 들떠 허황된 소리를 하지 말고 사실을 그 자체로 탐구하는 실증적인 연구를 해야 한다는 주장을 앞세웠다.

의심스럽거나 논란의 여지가 있는 자료는 배격하고, 조선이 낙후하고 빈약한 양상을 드러내 고찰하는 것을 실제 작업으로 삼았다. 조선은 정체성과 타율성을 특징으로 하는 부끄러운 역사를 이어왔으니 독립은 불가하고 일본의 지배를 계속 받아야 마땅하다고 했다. 문화제국주의 지역학의 일반적 특성을 선명하게 보여주었다.

일본인 학자들은 식민지 지역학을 위해 힘을 모으려고 1930년에 靑丘學會를 조직하고 《靑丘學叢》을 냈다. 경성제국대학의 교수진이 연구를 주도해 상당한 분량과 그 나름대로의 치밀성을 갖춘 업적을 내놓았다. 사료 비판에서 모범을 보인다고 하던 역사학은 식민지 통치 대변자의 노릇을 하면서 대단한 위세를 자랑했지만 부당한 선입견 조성 이상의 구실은 하지 못했다. 다른 분야에서는 자료 고찰에서 진전을 보인 역작이 더러 있어 자극을 주었다. 그때까지는 연구의 대상으로 삼지 않던 영역에 관해 정치적 성향이 적은 논의를 펼 때에는 성과가 더욱 두드러졌다. 小倉進平의 향가 연구, 秋葉 隆의 무속 연구 같은 것이 기억할 만한 본보기이다.

조선인 학자들은 1934년에 震檀學會를 창설해 별도의 활동을 전개했다. '청구'와 함께 '진단' 또한 조선의 별칭이다. 국명을 내세우지 않고 별칭을 사용한 점이 같았다. 취지문에 해당하는 글을 《震檀學報》 창간호에 싣고, "조선문화를 개척·전진시키는 의무와 사명을 수행하겠다"고 한 것이 일본인의 연구와 선명하게 구분되었으나, 접근하는 방법에서는 차이를 인정하기 어려웠다. 일본 유학생 이병도, 김상기, 이상백, 이선근 등이 주도하고 경성제국대학 졸업생들도 참가해 양쪽에서 익힌 실증주의를 연구의 지침으로 삼고자 했다.

진단학회의 주동자들은 역사학자였으며, 국사를 독립된 학문으로 정립한 것을 모범이 되는 업적으로 삼았다. 이어서 국문학과 국어학도 그 나름대로의 영역과 방법을 갖추고 동참했다. 연구성과에서는 국문학과 국어학이 앞서서, 조윤제의 《조선시가사강》, 양주동의 《고가연구》, 최현배의 《우리말본》 같은 노작이 나왔다. 국사의 주류 밖 경제사라고 따로 분류된 백남운의 《조선사회경제사》도 비중이 큰 업적이었다. 송석하는 민속학, 고유섭은 미술사를 개척하면서 소중한 연구를 했다.

실증주의 방법을 사용하고 학문 분야가 구분된 두 가지 기본 특징 때문에 앞에서 고찰한 국학과 구별되는 새로운 학문이 본격적인 한국학이다. 국학은 독자적으로 이룩해온 중세에서 근대로의 이행기 학문의 최종 성과라면, 한국학은 외래의 영향을 받고 출현한 근대 학문이라고 할 수 있다. 국학은 한국인만의 학문이고, 한국학은 한국인이 여러 외국인과 함께 하는 학문임을 명칭 구분에서 분명하게 한다.

국학을 하다가 한국학으로 넘어온 것이 발전이라고 하고 말 수 없다. 국학에 소중한 전통이 있어 한국학이 잘못되고 있는 것을 바로잡는 지침으로 삼아야 한다는 반론도 성립된다. 국학을 거부할 것인가 계승할 것인가도 중요한 쟁점으로 삼아 노선이 갈라져 한국학 I·한국학 II·한국학 III이라고 구분해 일컬을 필요가 있는 것들이 나타났다.

한국학 I을 주도한 이병도는 실증적으로 타당한 사실만 인정하는 학문을 해야 한다고 하면서 국학의 민족주의와 거리를 두었다. 《조선사대관》이라고 하다가 《국사대관》으로 개칭한 주저에서, 이른 시기의 역사에 대한 국학 I의 과장된 평가를 격하하고 냉철한 학문으로 나아가는 길을 열고자 했다. 한사군 설치가 분명한 사실이어서 시대구분의 기준이 된다고 하고, 〈한군현 설치 이후의 동방사회〉에서 고조선을 부여와 함께 고찰했다. 식민지 시기에 대한 서술은 아주 소략하게 했다. 이병도와 함께 《한국사》 전7권을 집필한 김재원·이상백·이선근 또한 정치나 제도에 관한 사실을 고찰했다. 이런 선례에 따라 자료와 사실에 충실한 실증적 연구를 하고 현실 문제의 개입이나 이념에 관한 논란을 피하고자 하는 학풍이 널리 정착하고 지배적인 영향을 끼쳤다.

한국학 I에 정면으로 맞서는 연구를 좌파에서 한 것을 한국학 II라고 일컫기로 한다. 그쪽에서는 한국학이라는 말은 사용하지 않고 조선학이라고만 해왔지만 통괄 논의를 위해 공통의 용어가 필요하다. 한국학 II는 마르크스주의에 입각한 과학적인 학문을 한다고 하면서 국학 I에 대해 한국학 I에서보다 더 큰 거부감을 가지고 강경하게 비난했다.

그 선두에 나선 전석담은 《조선사교정》에서 백남운의 전례를 넘어서서 더욱 발전된 사관을 확립한다고 공언하고, 조선은 노예제사회를 거치지 않고 봉건사회가 삼국시대부터 시작된 특수성이 있다고 했다. 식민지 시기 고찰에 큰 비중을 두고, 3·1운동과 6·10만세운동이 실패한 것은 사회주의 운동으로 발전하지 못한 결격사유가 있었기 때문이라고 했다. 이런 논란을 긴요한 관심사로 삼는 좌파의 연구는 남북이 분단되자 북쪽에서 터전을 마련하고 여러 분야로 확대되었다.

손진태는 한국학 I과 한국학 II의 노선 대립을 넘어서서 역사를 이해하는 통합논리를 신민족주의 사관이라는 이름으로 제시해 한국학 III을 이룩하고자 했다. 국학을 한국학 II에서는 비난하고 한국학 I에서는 격하했으나, 한국학 III에서는 계승했다. 비난이나 격하의 대상이 된 것은 국학 I이고, 국학 II는 타격을 받지 않았다. 손진태는 안재홍의 노선을 받아들여 국학 II에서 설정한 목표를 한국학 III에서 실현하는 과제를 맡았다. 《조선민족사개론》에서 국가사에서 민족사로, 정치사에서 문화사로 방향을 바꾸어야 한다고 하고, 상하 문화의 통합이 민족사 발전의 과제라고 했다. 사회를 논하면서 계급 구성을 살피고 여성의 지위를 문제로 삼았다. 다른 여러 저작에서 역사학과 함께 민속학도 하면서 통합의 관점을 갖추려고 했다.

국문학자 조윤제는 손진태와 밀접한 관련을 가지고 정립한 민족사관에 입각해 문학사를 서술했다. 《국문학사》에서 민족정신의 성장에 따라 문학사를 이해해, 민족정신이 분열되는 위기를 통합에 의해 극복한 과정을 밝히고 민족 해방과 분단 극복의 원리를 찾으려고 했다. 중국 의존에서 벗어나는 독자적인 성향을 나타내고, 내부적인 단결을 이룩하는 문학이 민족문학으로서 소중한 가치를 지닌다고 했다. 훈민정음을 창제되자 국문 문학이 소생하고, 발전 시대에 임진왜란을 겪고 국학정신이 앙양되고, 반성 시대에 실학이 발흥해 새로운 시대정신을 나타낸 것이 민족사 발전의 커다란 성과임을 문학사가 잘 보여준다고 했다.

손진태와 조윤제가 주도한 한국학 III은 이인영과 김성칠이 동참하는 데 그친 소수자의 학문이었다. 네 사람이 모두 서울대학교 교수로 자리 잡아 열세를 만회하는 것 같았으나, 1950년에 전쟁이 일어나자 불행이 닥쳤다. 손진태와 이인영은 북쪽으로 납치되고, 김성칠은 별세했다. 조윤제는 서울대학교를 떠나야 했다.

좌우 중간노선을 지향하는 한국학 III의 역사학이 남쪽에서 사라지고, 북쪽에서 등장할 수 없어 발전이 정지되었다. 전쟁을 겪고 남북 분단이 더욱 굳어지면서 학문도 양극화되었다. 남쪽은 한국학 I이, 북쪽은 한국학 II가 지배하고 반론이 제기될 수 없는 상태가 장기간 지속되었다.

북쪽에서는 과학원 및 사회과학원 산하의 여러 연구소를 상설기구로 창설하고, 남쪽에서 간 홍기문, 이극로, 고정옥, 김석형, 도유호 등의 뛰어난 학자들이 연구에 전념할 수 있는 환경을 조성해 아직 혼란을 겪고 있는 남쪽을 능가하는 업적을 보여주었다. 사회과학원 고전연구소를 설치해 고전을 번역하고 정리해 출판하는 작업에 일찍부터 힘썼다. 언어 연구에 평가할 만한 성과가 있고, 사전 편찬에서도 앞서나갔다. 《조선철학사》를 내놓고, 방대한 규모의 《조선사》를 완성한 것에 획기적인 의의가 있다.

그러나 진행이 순조로운 것은 아니고 방향 설정에 어려움이 었다. 명백한 사실을 설명하는 방식으로 논저를 집필한 그 이면에 차질과 진통이 있었다. 마르크스주의 학문의 두 원칙 가운데 과학적 유물론에 의거한 연구는 힘써 진행하지 않은 채 정치적 당파성 평가에 경도되는 불균형이 다른 사회주의 국가들에서보다 확대되었다. 탁월한 영도자의 가르침이 가치 판단의 유일한 근거이므로 의심 없이 받아들이라는 요구가 주체사상을 내세우면서 더욱 강화되어, 학문의 다양성이나 유연성은 기대할 수 없게 되었다. 주체를 강조하다가 단군을 민족의 시조로 받들어, 비과학적이라고 비난한 국학 I로 되돌아갔다.

전란을 겪은 다음 오랫동안 남쪽은 혼란을 겪고 제도가 미비해 학문을 하기 어려운 사정이었으며, 한국학 I이 반공이라는 국시와 합치되므로 다른 길로 나아가지는 말아야 한다는 제어장치가 작동했다. 근본이 되는 논란은 하지 않고, 기존의 학문을 다양하고 풍부하고 세련되게 하는 작업이 높이 평가되었다. 조직적인 연관은 가지지 않고 각기 일가를 이루어, 현상윤이 유학사, 김동화가 불교사, 홍이섭이 과학사, 김두종이 의학사, 최호진이 경제사, 김재원이 고고학, 김원룡이 미술사, 이혜구가 음악사, 최상수가 민속학, 이두현이 연극사, 석주선이 복식학, 황혜성이 식생활사를 개척한 성과 같은 것들이 두드러진다. 국어학의 이숭녕은 방법론 시험에서, 국문학의 김동욱은 자료 확대에서, 국사의 이기백은 논리 정비에서 연구 발전의 본보기를 보여주었다.

그러면서 다른 한편으로 한국학 I과 거리를 두고 한국학 III을 이어받고자 하는 움직임이 조심스럽게 나타났다. 김철준은 손진태의 전례에 따라 문화사를 이룩하고자 하면서 논의를 깊이 있게 전개했다. 이우성은 한국학 III을 거쳐 국학 II와 접맥되는 연구를 분야 구분을 넘어서서 하면서 實學의 전통을 계승하고자 하여 후진에 많은 영향을 끼치고 있다. 조동일은 한국문학사를 사회사·사상사와 관련시켜 총체적으로 고찰하고, 동아시아문학·세계문학으로, 인문학문론·학문일반론으로 나아가는 연구를 氣學을 이어받아 하고 있다.

학문 혁신을 위한 전통 계승

연구 분야를 구획하는 분과학문은 유럽 근대의 산물이었다. 그 전례를 받아들여 한국에서 정착시킨 제도는 극도의 분화를 특징으로 한다. 이제 분화가 지나치고 폐해가 심각해져서 반성이 요망된다. 분과학문들끼리 대화와 소통을 위해 노력해야 하고, 분과학문에서 통합학문으로 나아가는 길을 찾아야 한다. 외국에서는 한국학을 개별학문으로 하기 전에 통합학문을 먼저 요구한다는 것을 알아차리고 한국학 총론을 제공할 수 있어야 한다.

외국에서 보이는 관심에 부응하기 위해 분과학문을 망라해 한국학 전반을 소개하는 작업을 서울대학교 동아문화연구소에서 시작해 Korean Studies Today(1970) 및 그 국문판 《한국학》(1972)을 내놓았다. 총론은 없고, 종교, 철학, 국어학, 고전문학, 현대문학, 고고·미술, 고전음악, 연극, 민속, 역사학, 경제, 사회학, 과학 등을 각기 고찰한 내용이다. 대한민국학술원의 《한국학입문》(1983)에서 그 후속 작업을 했다. 이 책 또한 총론은 없으며, 역사 문화, 사상, 정치 법률, 경제 사회 기술, 언어 문학, 예술 등으로 구분한 각론을 갖추었다.

국내외의 학자들이 모여 학술회의를 하고 내놓은 보고서는 더 많다. 영남대학교 민족문화연구소의 《민족문화연구의 방향》(1980)이 일찍 이루어진 예이다. 국사·국어·국악으로 나누어 개별적인 발표를 하고, 한국학 총론을 갖추었다. 앞의 세 분야는 국내 학자와 재미동포 학자가 한 사람씩, 권말의 총론 〈민족문화연구의 과제와 방향〉은 조동일이 맡았다. 한국학 국제학술회가 그 뒤에 여러 곳에서 많이 열렸다. 발표 논문을 모아 한국학중앙연구원의 《한국학의 세계화》(1991), 인하대학교 한국학연구소의 《해방 50년, 세계 속의 한국학》(1995) 같은 책들이 출간되었다.

한국학 사전을 만드는 것은 오랜 소망이었다. 양과 질 양면에서 미흡한 몇 가지 시도가 있다가, 한국학중앙연구원에서 《한국민족문화대백과사전》(1992)을 27권의 방대한 규모로 이룩해 국내외 한국학을 위해 필수적인 참고서를 제공했다. 기존의 백과사전에 의거하지 않고 민족문화백과사전을 독자적으로 만들고 모든 항목 집필자의 성명을 밝힌 것은 크게 평가할 일이지만 결함도 적지 않다. 〈민족문화비교표〉가 서두에 있으나 사후의 합리화에 지나지 않아, 총론과 각론이 적절하게 맞물리지 않고 있다. 체제의 불균형이나 부실한 내용이 적지 않고 새로운 연구 성과를 추가해야 하므로 수정과 증보를 위해 힘써야 한다.

밖에 알리는 것보다 자체 점검을 더욱 긴요한 과제로 삼아 한국학 전반을 고찰하려고 이우성 외 공편한 《한국학연구입문》(1981)에서 노력했다. 어느 정도 체계를 갖춘 저작을 마련하고, 이우성·정창열이 〈한국학의 반성과 전망〉에서 한국학에 대한 인식의 경과를 정리하고 학풍의 변화를 고찰했다. 한국학의 분야로 국어학, 국문학, 고고학, 역사학, 민속학, 문화인류학, 철학, 정치학, 경제학, 사회학, 법학 등을 들었다. 본문 서술에서는 미술, 음악, 과학기술, 종교, 연극과 영화 등도 포함시켰다.

이러한 시도가 거듭되고 이룬 성과를 축적하면 한국학이 분과 학문을 넘어서서 통합학문으로 나아갈 수 있으리라고 기대하기는 어렵다. 분과학문 전공자들이 모여 공동 작업을 하는 데 그쳐서는 공유의 성과가 나지 않는다. 통합 작업을 공동으로 담당하거나 각자 수행하면서 토론하는 방식을 택하지 못해 진전이 더디다. 난관을 타개하려면 근본적인 반성이 있어야 한다. 학문은 분과학문이어야 한다는 것이 근대의 관념인 줄 알고 타파해야 해결책이 생긴다. 통합학문의 전통과 만나 혁신을 위한 힘을 얻는 것이 선결 과제이다.

전통 학문은 분과 이전의 통합을 장기로 삼아 학문의 여러 영역을 총괄적으로 고찰하는 업적을 거듭 이룩했다. 한 사람이 학문의 거의 모든 영역을 다룬 거질의 저작 이수광의 《芝峰類說》, 이익의 《星湖僿說》, 이규경의 《五洲衍文長箋散稿》 같은 것들이 좋은 본보기이다. 《오주연문장전산고》는 60권이나 되는 분량이며, 19세기 초까지 알려진 지식 가운데 특히 긴요하다고 여긴 것들을 자기 관점에서 서술하고 논평한 '辨證說'로 구성되었다.

위에서 든 여러 저작은 중국의 경우와 한국의 경우를 함께 다루면서, 동아시아문명의 양상과 관련시켜 한국의 민족문화에 대한 탐구를 여러 분야에 걸쳐 다각도로 했다. 모든 지식을 아우르는 포용성과 함께 동아시아문명과 한국 문화를 연결시켜 고찰하는 방법 또한 재평가하고 계승할 만한 의의를 지닌다. 한국학과 구분되지 않던 동아시아학이 분화되지 않아 낙후한 유산이라고 비판하지 말고 오히려 새로운 전진을 위한 발판으로 삼아야, 한국학이 그 자체로 국한되어 있지 않고 세계와 교류하고, 세계를 위해 공헌하는 방향으로 나아갈 수 있다.

그런데 위에서 든 저작은 어느 것이든지 열거 서술의 방식으로 각론을 늘어놓기만 했으며 총론이라고 할 것은 없다. 분과학문 이전 단계의 통합학문을 많은 사례를 다양하게 들어 보여주기만 하고 이론적인 논의는 하지는 않아 통합의 원리가 무엇인지 물으면 응답하지 못한다. 통합학문의 원리를 밝혀 학문 일반론을 전개하는 작업은 별도로 이루어져 전통 계승의 폭을 넓혀야 만날 수 있다.

한국학이 세계를 위해 공헌하는 학문으로 성장해 인류를 행복하게 하려면 한국이나 동아시아의 범위를 넘어서서 세계 학문 일반론을 바람직하게 혁신하는 데까지 이르러야 한다. 그래서 통합학문 원론의 유산을 이어받는 것이 전통 계승에 의한 혁신의 가장 소중한 작업으로 등장한다. 방향 전환을 위해 선인들을 다시 만나야 한다.

먼저 14세기의 정도전을 만나자. 정도전은 "心身人物"을 "各盡其性"하고 통하지 않는 바가 없는 학문을 유학에서 할 수 있다고 했다. 心은 마음이고, 身은 신체활동이고, 人은 인간관계이고, 物은 사물이거나 물질이다. 이 모든 영역에 있는 그 나름대로의 특성을 통괄해서 파악하는 학문이 유학이라고 했다.

정도전이 "各盡其性"이라고 한 '性'은 '天性'이면서 '物性'이다. 천성은 같으면서 물성은 다르다고 하면 타당한 논의가 전개된다. 그런데 천성은 理이고 물성은 氣라고 구분해, 이는 존귀하고 기는 미천하다는 理氣이원론이 지배적인 이념으로 자리를 잡으면서 차질이 생겼다. '理通'이라는 이에 의한 통합은 존귀하고 '氣局'이라는 기에 의한 구분은 미천해 별개를 이룬다고 하면서, 앞의 것을 위한 도덕 학문만 대단하게 여기고 뒤의 것에 관한 사물 학문은 하찮게 여기는 시대가 지속되었다.

이에 대한 반론이 제기되어 논의를 바르게 한 것이 다음 단계의 변화이다. 18세기에 홍대용이 한 작업에서 변화의 이유와 양상을 분명하게 알 수 있다. 홍대용은 말했다. 理와 氣는 둘이 아니므로 귀천, 통국, 존귀 등의 차등은 부당하다. 이는 기의 원리일 따름이므로 기가 귀하면 이도 귀하고, 기가 통합되면 이도 통합된다. 이런 명제를 통합해 이기이원론에 대한 기일원론의 반론을 이룩했다. 기일원론을 이기뿐만 아니라 性情, 詩歌, 貴賤, 華夷, 天地 등에 일제히 적용하고 개별 영역에 관한 실제 연구에서 광범위하게 활용했다.

性은 마음의 바탕이고 情은 그 작용이다. 이 둘은 선악이 아닌 體用의 관계일 따름이라고 했다. 詩는 한시이고 歌는 한국어 노래이다. 이 둘은 대등한 의의를 가진다고 했다. 貴니 賤이니 하는 것은 사회적 위치이다. 이 둘은 신분이 아닌 능력에 따라 나누어져야 한다고 했다. 華夷는 문명권의 중심과 주변이다. 이 둘은 상대적이어서 누구나 자기를 중심으로 삼을 수 있다고 했다. 天地는 하늘과 땅이다. 이 둘은 높고 낮으며 둥글고 모난 차이가 없고 서로 맞물려 운동한다고 했다.

19세기의 최한기는 통합학문 원론에 관한 일련의 저작 《氣測體義》·《人政》·《氣學》을 남겼다. 기일원론을 氣學이라고 하고, 학문론의 총론을 명확하게 하고 각론을 풍부하게 갖추는 데 활용했다. '運化之氣'라고 한 운동하고 변화하는 氣가 존재의 양상이고 인식의 근거가 되는 줄 알고 학문을 해야 한다고 했다. 마음속의 운화지기와 천지 만물의 운화지기는 기본적으로 일치하므로 몇 단계의 교호 작용을 통해 타당성을 검증하고 인식을 확대해야 올바른 학문을 한다고 했다.

운화지기를 마음속에서 다듬어 정립한 氣學을 천지 만물에 널리 적용해 政學, 經學, 典禮學, 刑律學, 曆數學, 器用學 등으로 일컬은 다양한 학문을 하는 방법을 각기 고찰했다. 그래서 상대주의나 실용주의로 넘어간 것은 아니다. "一鄕一國"을 위한 학문은 쓰이기도 하고 쓰이지 않을 수도 있으므로 "天下萬世公共"이 감복하는 학문을 하는 것이 마땅하다고 했다. 민족주의를 넘어서서 보편주의의 학문을 해야 한다는 가르침으로 받아들여야 할 말이다.

세계로 나아가는 한국학

한국학은 중국학이나 일본학보다 현저하게 열세이다. 중국과 일본에서 한국사를 축소하고 왜곡하는 사태가 지속된다. 그렇다고 해서 자기 옹호를 한국학의 임무로 삼아 맞대응할 것은 아니다. 국가학의 경쟁을 넘어서서 보편적인 학문을 하는 것이 바람직한 대응책이다.

보편적인 학문을 하려면 전통 계승의 폭을 넓히는 것을 공동의 과제로 삼아야 한다. 아시아문명의 공통된 유산을 함께 계승해 서로 도움이 되는 방안을 찾아 세계 학문 혁신을 위해 노력하자고 나는 여러 논저에서 역설했다. 그 요지를 《동아시아문명론》(지식산업사, 2010)에 정리해놓자, 일본어와 중국어 번역이 이루어지고, 베트남어 번역은 진행 중이다.

지금 인류 전체가 근대 동안 벌어진 과학과 기술, 경제나 정치의 경쟁 때문에 심각한 갈등을 겪고 있다. 갈등을 넘어서서 인류는 하나이고 공통된 이상을 지니면서 살아가야 한다고 일깨우려면 진정으로 보편적이고 세계적인 학문이 나타나야 한다. 이런 목표를 향해 나아가는 것이 세계를 위해 공헌하는 한국학의 사명이다. 한국학은 한국학을 넘어서야 하고, 한국학이 아니어야 한다. 진정으로 보편적이고 세계적인 학문을 하자는 당위론이나 펴는 것은 무책임하다. 맡아 나서야 한다고 다짐하고 시도해온 작업을 예증을 들어 보이겠다.

《철학사와 문학사 둘인가 하나인가》(서울: 지식산업사, 2000)에서 철학사와 문학사가 합쳐지기도 하고 나누어지기도 한 과정을 세계적인 범위에서 고찰했다. 철학과 문학이 가장 멀어진 오늘날의 위기를 둘이 다시 하나가 되어 극복해야 한다고 하고, 이성에서 통찰로 나아가야 한다고 했다. 《소설의 사회사 비교론》(서울: 지식산업사, 2001)에서는 동아시아, 유럽, 인도, 동남아시아, 아랍 세계, 아프리카 등지의 작품을 널리 포괄해 소설의 사회사 일반론을 세계 최초로 이룩했다. 소설의 흥망성쇠를 들어 선진이 후진이 되고 후진이 선진이 되는 원리를 입증했다.

이런 작업은 기학의 전통에서 가져온 生克論을 기본 이론으로 삼는다. 16세기의 철학자 서경덕이 "하나는 둘을 생하지 않을 수 없고, 둘은 능히 스스로 생극하니, 생하면 극하고, 극하면 생한다"(一不得不生二 二自能生克 生則克 克則生, 〈原理氣〉)고 한 것을 원천으로 하고, 홍대용과 최한기의 학문론에서 발전을 보인 생극론은 相生이 相克이고 상극이 상생이라는 이치를 학문의 모든 영역에 제공해 오늘날의 창조학이 일제히 일어날 수 있게 한다. 그 가능성의 일부를 구체화해 학문 혁신의 작업을 진행했다.

상생이 상극이고 상극이 상생이라고 하는 것과 함께, 선진이 후진이고 후진이 선진이라고 하는 것이 생극론을 구성하는 또 하나의 기본명제이다. 이 두 명제로 생극론은 변증법에 대한 반론을 제시한다. 선진과 후진의 교체는 희망이 아니고, 역사의 실상에 근거를 두고 파악된 사실이다. 고대에서 중세로, 중세에서 근대로 전환할 때 후진이 선진이 되고, 선진이 후진이 되는 변화를 겪었다. 그런 일이 다시 일어날 수 있다고 하는 것이 합당한 판단이다.

역사가 종말에 이르렀다는 말에 현혹되지 말자. 선수 교체를 해야 하는 시기에 물러나는 선수가 으레 하는 말이다. 역사의 전개는 끝나지 않는다. 선진이 다시 후진이 되는 변화가 이어진다. 다음 시대로 나아가는 전환은 근대의 후진이던 곳에서 선도해 근대의 기준에서는 가치를 인정할 수 없는 방법으로 시작하는 것이 당연하다.

생극론 계승은 시작하는 단계이다. 문학사에 적용해 검증한 중심 작업에도 많은 미비점이 있다. 문학사를 넘어선 영역에 관해서는 논의 가능성을 탐색하는 정도에 머물렀다. 많은 동참자가 여러 측면에서 더욱 진전된 작업을 하기 바란다. 생극론은 조상 전래의 공유재산이다. 지적 소유권을 지나치게 주장해 학문의 성과를 독점하는 근대의 관행에서 벗어나 공동의 성과를 축적하는 것이 마땅하다.

붙임 1

한국학의 여러 분야 가운데 철학은 중심에 자리 잡고 다른 여러 분야를 이끌어야 하는 사명을 지니고 있다. 그런데 철학이 앞서지 못하고 뒤떨어져 심각한 차질을 빚어낸다. 대학의 철학과는 서양철학 위주로 교수진이 구성되어 있고, 한국철학 전공자는 극소수이며 활동이 부진하다.

필요한 내용을 제대로 갖춘《한국철학사》의 출현에 대한 간절한 소망이 이루어지지 않고 있다. 윤사순,《한국유학사》(서울:

지식산업사, 2012)가 나와 노작으로 평가되지만, 부제로 삼은 "한국유학의 특수성 탐구"에 치중하고 유학에서 전개된 철학의 보편적 역사를 찾아내지 않아 불만이다. 홍대용이나 박지원이 "탈성리학적" 실학을 했다고 하는 통상적인 해설에 머무르고 기철학의 발전에 획기적으로 기여한 업적은 문제 삼지 않은 것이 특히 심각한 미비사항이다.

서울대학교 인문학연구원에 다음의 붙임 2에 적은 요지의 강연을 하려고 갔더니, 독일철학 교수인 원장이 자기네 연구원에서 통일을 준비하는 인문학에 대한 대단위 연구를 정부의 지원을 받아 한다고 했다. 한국철학사를 쓰는 작업부터 해야 하지 않는가 하니, 독일에도 독일철학사는 없다고 했다. 독일철학사도 없는데 한국철학사가 왜 있어야 한다고 하는지 의문이라는 반응을 보였다.

독일철학사가 없는 것은 더 큰 철학사가 있기 때문이다. 독일뿐만 아니라 유럽 각국은 유럽철학사를 철학사라고 하고 자기 나라 철학을 그 속에서 다룬다. 우리도 한국철학사에서 동아시아철학사로, 동아시아철학사에서 세계철학사로 나아가는 것이 바람직하다. 명실상부한 세계철학사를 쓰는 인류의 과업을 성취하기 위해 적극적으로 나서야 한다. 그러나 출발점은 한국철학사이다. 한국철학사를 버려두고 더 큰 일을 할 수는 없다.

통일을 준비하고 이룩하려면 철학사를 합치는 것이 긴요한 과제이다. 북쪽에서는 《조선철학사》를 아주 소중하게 여겨 먼저 내놓아 앞서나간 것을 인식하고 인정해야 한다. 《조선철학사》를 부정하고 해체하면 된다고 여기는가? 그렇지 않다면, 두 가지 방안을 마련해야 한다. 북쪽의 철학사와 대응되는 남쪽의 철학사를 갖추는 것이 소극적인 방안이다. 소극적인 방안은 임시로 필요하다. 남북의 철학사를 합쳐서 넘어서는 것이 적극적인 방안이다. 적극적인 방안은 항구적으로 필요하다.

북쪽의 철학사는 상극의 철학사이다. 이와 대응되는 남쪽의 철학사는 쉽게 생각하면 상생의 철학사이다. 아직 이런 것도 갖추지 못해 학문 통일에 관해 말할 자격이 없는 것을 심각하게 반성해야 한다. 잘못을 시정하기 위해 적극 노력하면서 다음 작업으로 나아가기까지 하면 후진이 선진일 수 있다. 상극의 철학사와 상생의 철학사는 평행선을 달리지 말고 합쳐져 상극이 상생이고 상생이 상극인 생극의 철학사를 이룩해야 한다. 이것이 학문 통일의 핵심 과업이고, 학문 발전의 당연한 과정이다.

철학 전공자들이 사태 파악마저 제대로 하지 못하고 있어 절망적이라는 생각이 든다. 그러나 철학은 전공자의 전유물이 아니고, 누구나 하는 공동의 학문이어야 한다. 생극의 철학사로 나아가는 작업을 어느 학문에서든지 할 수 있다. 철학사를 통괄해서 서술하지 않고서도 필요한 논의를 깊이 있게 전개할 수 있다. 철학이 아닌 다른 학문에서 제기되는 절실한 문제의 철학적 해결에서 철학의 의의를 선명하고 절실하게 입증할 수 있다.

철학이라는 학문이 따로 있고 독자적인 방법을 사용한다고 하면서 담을 쌓은 고립주의가 철학을 빈곤하게 만들었다. 이런 잘못을 시정하려면 밖에서 담을 헐고 들어가야 한다. 이것은 세계의 모든 철학에 일제히 적용되는 진단이며, 북쪽도 예외가 아니다. 남쪽의 철학은 담을 제대로 쌓지 못한 직무 태만이 잘못의 시정을 용이하게 하는 좋은 조건이 된다. 다른 어느 곳에서도 하기 어려운 일을 우리는 할 수 있어 다행이다.

나는 문학과 철학을 함께 연구하면서 양면의 혁신을 서로 맞물리게 진행한다. 철학사 재인식을 근거로 생극론을 이어받아 창조학의 지침으로 삼고, 역사적 연구와 이론적 연구에 적극 활용한다. 변증법의 상극론을 받아들여 넘어서는, 상극이 상생이고 상생이 상극인 생극론으로 문학론·인문학문론·학문론을 새롭게 정립하려고 노력한다.

붙임 2[2]

수입학·자립학·시비학을 넘어서서 창조학으로 나아가는 것이 새로운 학문의 길이다. 수입학은 남들이 이미 한 결과를 가져와 자랑하는 학문이다. 자립학은 우리 것을 그 자체로 연구하는 데 머무르는 학문이다. 시비학은 기존의 연구가 잘못되었다고 나무라는 것을 능사로 삼는 학문이다. 창조학은 창조의 성과를 내용으로 하는 이론이면서 창조하는 길을 제시하는 학문론이다.

---

[2] 이 대목은 2014년 4월 22일 서울대학교 인문학연구원에서 강연한 요지인데, 자구 수정을 조금 한다.

선행하는 세 학문, 수입학·자립학·시비학을 나무라고 물리친다고 넘어설 수 있는 것은 아니다. 각기 이룬 바를 받아들여 발판으로 삼아야 창조학으로 나아갈 수 있다. 수입학으로 시야를 넓히고, 자립학에서 연구를 실제로 수행하고, 시비학으로 잘못을 가리는 작업을 합쳐서 발전시켜야 창조학을 할 수 있다. 수입학·자립학·시비학을 하는 사람들이 창조학을 질투해 손상을 입히지 않고 창조학을 위해 기여하는 것을 보람으로 삼으면서 창조학으로 다가오도록 하는 것이 마땅하다.

학문은 역사적 성격을 지닌다. 보편적 진실을 역사적 조건에 맞게 추구하고 실현하는 것이 학문의 사명이다. 현재의 상황을 판단하고 미래를 전망하는 역사의식을 분명하게 해야 학문을 제대로 할 수 있다. 유럽문명권 주도로 이룩한 근대학문을 청산하고 근대를 넘어선 다음 시대의 학문을 이룩하는 것이 이제부터 하는 창조학의 사명이다. 역사는 종말에 이르고, 거대 이론의 시대는 끝났다고 하는 말에 현혹되어 동반 자살을 하려고 하지 말고, 선수 교체를 수락해야 한다. 선진이 후진이 되어 생기는 공백을 후진이 선진이 되는 전환을 이룩해 메우면서 세계 학문의 주역으로 나서야 한다. 정치나 경제는 아직 후진이므로 학문에서는 선진이어야 하는 사명을 수행해야 한다.

다음 시대로 나아가는 창조학은 지난 시기의 학문에 대해서 이중의 관계에 있다. 근대학문에서 이성의 가치를 최대한 발현해 역사, 구조, 논리 등에 대해 분석적 고찰을 한 성과를 폐기하는 데 동의하지 않고 이어 발전시키면서, 근대학문이 부정한 중세학문에서 이성 이상의 통찰로 모든 것을 아우르고자 한 전례를 되살려 두 시대의 학문이 하나가 되게 하는 것이 마땅하다. 중세에 뒤떨어진 곳에서 중세를 부정하고 고대를 긍정하면서 근대화에 앞섰듯이, 이제 근대의 피해자가 된 곳에서 근대를 비판하고 중세를 계승하면서 다음 시대 만들기를 선도하려고 분발해야 한다.

근대에 이르러 고착화된 자연과학·사회과학·인문학의 구분을 바로잡는 것도 긴요한 과제이다. 먼저 '학문'을 공통 개념으로 삼아 용어의 불균형을 시정하고 '과학'의 횡포를 제어해야 한다. 자연학문·사회학문·인문학문으로 구분된 세 학문 가운데 인문학문이 앞서서 학문 혁신의 주역 노릇을 해야 한다. 인문학문이 배격되는 세태에 자각으로 맞서 전반적인 상황을 검토하고 조정하는 학문학을 하는 것이 창조학의 긴요한 내용이다. 자연학문·사회학문·인문학문 순서로 정해져 있는 우열에 따라 직분이 상이하다고 하는 차등론을 뒤에서부터 뒤집어 우열을 부정하고 직분을 통합하는 방향으로 나아가야 한다.

서경덕에서 최한기까지의 기철학에서 생극론을 이어받아 문학사의 이론으로 발전시킨 것이 내가 시도한 창조학의 가장 긴요한 작업이다. 이것은 고금학문 합동작전의 본보기이고, 우리의 경우를 연구해 얻은 성과를 출발점으로 삼고 광범위한 비교 연구에서 공통점을 찾아 널리 타당한 일반 이론을 다시 마련한 사례이며, 문학·역사·철학을 연결시켜 함께 다룬 실제 작업이다. 변증법이 상극

에 치우친 편향성을 시정하고, 상극이 상생이고 상생이 상극임을
밝히는 대안으로 생극론이 소중한 의의를 가진다는 것을 소설사에
서 상론해 효력을 입증하고 설득력을 갖추었다. 생극론은 누구나
자기 것으로 삼을 수 있는 공유재산이고 다른 여러 측면에서 크게
기여할 수 있다. 찾아내 이용할 유산이 생극론만은 아니다.

붙임 3

서울대학교 인문학연구원에서 하는 강연은 발제 30분, 토론 90
분으로 시간이 배정되어 있었다. 발제를 짧고 알차게 하기 위해
서 위에 든 원고를 배부하고 낭독했다. 이어서 두 사람의 지정 토
론이 있고, 인문학연구원의 연구교수들을 비롯한 여러 참석자들
이 참여해 일반 토론이 길게 이어졌다.

지정 토론에 대해 답변을 하면서 나는 "한 말로 실망스럽다"고
하는 무례한 말부터 했다. 창조학을 위한 큰 그림을 그리려고 하
지 않고, 수입학 범위 안의 사소한 쟁점에 매몰되어 있어 기대에
어긋났기 때문이다. 일반 토론에서도 단순한 질문이 이어지고, 내
가 이룬 데서 더 나아가고자 하는 시도나 노력은 발견되지 않았
다. 길게 잡은 토론 시간이 낭비가 아니었던가 한다.

인문학연구원을 만들어 20여 명의 연구교수가 강의 부담 없이
연구에 종사할 수 있게 된 것은 획기적인 전환이다. 연구교수가
있어야 한다고 내 나름대로 역설해온 것이 전환에 기여했다고 생

각한다. 몽골학·인도학·아랍학 전공자를 교수로 받아들여 학문의 폭을 넓힌 것이 더욱 반가운 일이라고 토론 시간에 말했다. 이화여자대학교에도 유사한 규모의 이화인문과학원을 만들었다. 이번 모임을 두 기관이 공동으로 주최하고 지정 토론자가 양쪽에서 한 사람씩 나왔다. 학문의 역사가 새로 시작된다고 기뻐해야 하겠는데, 내실이 따르지 못한다는 것을 확인했다.

연구교수는 대부분 수입학의 학력과 실적으로 발탁되어 지금까지 하던 작은 범위의 연구를 그대로 하면 된다고 생각하는 것이 아닌지 의심된다. 창조학을 우리 스스로 이룩하겠다는 것은 생소하고 기이한 발상이라고 여기는 것 같다. 거대 규모의 공동 연구를 한다는 구실로 정부의 지원을 얻어 연구원을 설립했다. 구성원과 조직 사이에 심각한 부조화가 있지만, 창조학을 멀리하는 것은 공통된 지향이다.

연구교수 제도가 생기기 이전 기존의 강의교수들이 원장을 비롯한 여러 보직을 맡아 연구원을 운영한다. 이것은 식민지 통치 또는 신탁통치라고 할 만한 방식이어서 경쟁이 될 만한 자율적 성장을 억제하게 마련이다. 거대 규모의 공동 연구에 연구교수들을 배치해 관리하는 것을 통치 방식으로 삼고, 그렇게 하지 않으면 자금원이 끊어져 자리가 없어진다고 위협한다. 연구교수는 대부분 연구 계획과 운명을 같이 해야 하는 비정규직이어서 반발하기 어렵다.

비난은 제도를 잘못 만든 정부로 돌려야 한다. 연구를 위해 전보다 많은 돈을 쓴다면서 횡령이나 낭비를 막기 위해 관리를 한층 엄격하게 한다. 그러나 횡령을 막는다고 낭비도 막는 것은 아니다. 돈을 예산에 있는 대로 조목조목 정확하게 사용하고 영수증을 철저하게 갖추면 자유로운 연구를 억제해 창조학과는 더욱 거리가 멀어진다. 하나 마나 한 연구를 예산회계법을 철저히 지켜 하는 것은 거둔 효과를 들어 판정하면 완전한 낭비다. 실패를 용인하지 않아 낭비를 막으려고 하다가 실패할 가능성이 없는 안전한 연구만 하도록 해서 오히려 완전한 낭비만 한다.

연구비가 많이 늘어났다고 한다. 그런데 연구비를 받으려면 제목과 내용이 분명하고 예산서까지 자세한 연구 계획서를 제출해 심사를 받아야 한다. 상피를 이유로 연구비 신청자들보다 수준이 낮게 선정된 심사위원들이 잘 이해하고 평가할 수 있는 계획서를 만들어야 한다. 계획서에 있는 대로 연구를 하고 돈을 써야 한다. 창조학을 하려고 하면 제목을 정하지도 못하고 내용을 미리 서술할 수도 없으므로 연구 계획서를 작성하기 어렵고, 작성해 제출한다고 해도 심사에 떨어지게 마련이다. 연구비가 창조학을 죽인다. 연구비를 주지 않을 때에는 하고 싶은 연구를 할 수 있어 가능했던 창조학이 다시 나타나지 못하게 한다.

국가기관에서 공개강좌를 많이 지원하는 것도 새로운 현상이다. 석학인문강좌라는 것은 규모가 크고, 석학들이 인문에 관한 강좌를 한다는 취지가 좋아 보인다. 그런데 수입학의 지식을 정리해 전달하고 자립학을 곁들이기나 한다. 남들이 인정하지 않고 대중이 이해하지 못하는 독자적인 이론을 전개하는 것은 취지에 어긋난다는 이유를 들어 창조학은 사실상 금물로 삼는다. 나는 참여하려고 하다가 그만둔 적 있다.[3]

지금까지 든 이유 때문에 사태가 절망적인 것은 아니다. 학문은 제도나 돈이 하지 않고 사람이 한다. 여건이 미비하거나 잘못되었어도 분발해 노력하면 할 것을 한다.[4] 세상이 좋아지면 학문을 하겠다고 하지 말아야 한다. 세상이 좋아지게 하기 위해 학문을 한다. 학문을 하는 여건 개선도 학문을 하면서 요구해야 한다. 창조학을 당위로 제시하지 않고 아무리 어려워도 실제로 해야 타당성이 입증된다.

---

3) 그 경과를 《학문론》 머리말에서 밝힌 말을 옮겨 적는다. 나라에서 돈을 내서 하는 석학인문강좌라는 것에 참여해달라는 요청을 받고 "새로운 학문을 위한 방향 전환"을 2012년 2월 11일부터 5주간 여기 수록하는 원고에 있는 바와 같은 소제목에 따라 다루기로 했다. 규격에 맞추어 원고를 다 쓴 시점에 뜻밖에도 강좌 제목이 "새로운 국문학을 위한 방향 전환"으로 바뀌어 있는 것을 발견했다. 시정과 사과를 요구했더니, 강좌를 관장하는 위원회의 위원장(서지문)이 새로운 학문을 하겠다고 하면 위험하고 반발을 불러올 수 있으니 새로운 국문학이나 착실하게 하라고 회신했다.

4) 계명대학교 석좌교수가 되어 공개 강의한 원고를 출판한 《세계·지방화시대의 한국학》 1-10 (대구: 계명대학교출판부, 2004-2009) 제8권 《학문의 정책과 제도》에서 각국의 사례와 비교하면서 우리가 잘못하고 있다고 나무라고 개선을 요구했다. 제9권 《학자의 생애》에서는 불리한 여건을 무릅쓰거나 분발의 이유로 삼아 탁월한 학문을 창조한 분들을 찾아 평가했다.

밑에서 시작하는 창조[5]

구비문학의 전례

말은 인류가 처음부터 하고, 글은 나중에 말을 적기 위해 만들어냈다. 그런데 글과 말을 상하의 지체로 구분해, 글로 쓴 것은 존귀하고 말로 전하는 것은 미천하다고 하는 차등론이 오래 지속되었다. 이런 잘못을 시정해야 새로운 학문이 시작된다.

---

5) 이 글은 원래 〈구비문학과 구비철학〉이라는 제목으로 2005년 2월 17일 전라남도 진도에서 열린 한국구비문학회 모임에서 발표하고, 《구비문학연구》 23 (한국구비문학회, 2006)에 게재했다. 고치고 다듬어 〈구비철학을 찾아서〉라고 한 것을 《세계·지방화시대의 한국학 5: 표면에서 내면으로》(대구: 계명대학교출판부, 2007)에 수록했다. 지금 하고 있는 논란을 위해 필요하므로 대폭 개고해 다시 내놓는다. 《학문론》의 〈구비의 가치 재평가를 위한 새로운 연구〉를 이와 관련시켜 보기 바란다.

글과 말의 차별이 문학에서 특히 두드러지게 나타났다. 글을 의미하는 '文'이나 'literature'로 문학을 일컬으면서 글이라야 문학이라고 하는 주장이 의문의 여지가 없이 통용되어 왔다. 말이기만 한 민요나 설화 같은 것들 자체는 제외하고 글로 기록한 자취가 있으면 문학사에 올려 고찰하는 기이한 방식을 일제히 존중했다.

글이라야 문학이라고 하면 문학의 유산이 빈약해진다. 글의 역사로 문학사를 연구하고 서술하려고 하니 어려움이 생긴다. 글쓰기의 전범을 문명권의 중심부에서 받아들여 문학이 이루어졌다고 할 수밖에 없어 독자적인 창조력이 무시된다. 문학의 변천이 글 내부의 요인으로 이루어졌다고 하려고 무리한 추론을 편다. 따로 떨어져 있는 것으로 보이는 갖가지 문학을 연결시켜 이해하는 방법을 마련하지 못해 문학사가 여러 조각으로 나누어진다. 문학사에서 문학 이론을 도출하지 못한다.

문학은 말이기도 하고 글이기도 하다. 말인 구비문학과 글인 기록문학이 문학의 양면을 이룬다. 문학사는 구비문학과 기록문학의 관련사이다. 이렇게 주장하는 구비문학 혁명이 1970년대 초 한국에서 일어났다.6) 문학관이나 문학사 이해를 근본적으로 바꾸어놓았으므로 혁명이라는 말이 지나치지 않다.

구비문학(oral literature)이라는 말은 널리 사용되고, 기록문학뿐

---

6) 조동일, 《서사민요연구》(대구: 계명대학출판부, 1970)가 실제 연구에서, 장덕순·조동일·서대석·조희웅, 《구비문학개설》(서울: 일조각, 1971)이 개설서에서 구비문학 혁명의 주역 노릇을 했다.

만 아니라 구비문학도 소중한 유산이므로 힘써 연구해야 한다는 곳이 적지 않다. 기록문학이 없는 아프리카 같은 데서는 구비문학을 아주 소중하게 여긴다.[7] 그러나 기록문학의 지배를 뒤엎어 기록문학과 구비문학은 대등하다고 선언하고, 문학사를 구비문학과 기록문학의 관련임을 명확하게 한 것은 전례가 없으며 한국에서 처음 이룩한 혁명이다. 다음에 드는 작업을 한국 이외의 다른 곳에서는 아직 하지 않는다.

구비문학 혁명으로 많은 것이 달라졌다. 문학의 유산이 대폭 늘어나 풍부해진 것을 확인하고, 구비문학의 지속과 변화가 저층에서 작용해 기록문학을 바꾸어놓은 과정을 다각도로 밝혀, 구비문학과 기록문학의 생극 관계를 문학사 일반 이론으로 정립했다. 한국문학사에서 동아시아문학사로, 동아시아문학사에서 세계문학사로 나아가는 확대 작업을 했다.[8] 문학사가 문학 이론이게 하고, 문학 연구에서 인문학문으로, 인문학문론에서 학문론으로 나아가는 길을 열었다.[9]

---

7) Chinweizu, Onwuchekwa Jemie, Ihechukwu Madubuike, *Toward the Decololization of African Literature* (London: KPI, 1980)가 대표적인 예이다. 이 책에서는 'oral literature'를 'orature'라고 축약해 'literature'와 짝을 이루도록 하자고 했다.

8) 《한국문학통사》 1-5 (서울: 지식산업사 제1판 1982-1988); 《동아시아문학사비교론》(서울: 서울대학교출판부, 1993); 《하나이면서 여럿인 동아시아문학》(서울: 지식산업사 1999); 《세계문학사의 전개》(서울: 지식산업사, 2002)에서 진행한 작업이다..

9) 《우리 학문의 길》(서울: 지식산업사, 1993); 《인문학문의 사명》(서울: 서울대

구비철학 이해의 과제

이제 철학을 문제 삼을 차례이다. 글로 쓴 기록철학이라야 철학이라고 하는 것은 기록문학이라야 문학이라고 하는 것과 같은 부당한 견해이다. 문학이 구비문학에서 시작되었듯이 철학 또한 구비철학에서 시작되었다. 구비철학도 철학이라고 하고, 철학사 이해에서 생기는 의문을 구비철학과의 관련을 살펴 해결하는 것이 마땅하다. 구비철학 혁명도 일어나야 한다.

구비철학이 기록철학보다 선행했다는 것은 명백한 사실이다. 인도의《베다》나 釋迦, 또는 孔子의 가르침은 구전되다가 기록되었다. 인도에서는 후대에도 크게 깨달은 사람은 일자무식이라고 했다. 글은 쓰지 않고 말만 한 소크라테스를 유럽철학의 시조로 받든다. 그런데 이른 시기 구비철학의 유산 가운데 기록되지 않은 것은 사라졌다.《論語》가 있어 공자의 사상을 알 수 있다. 소크라테스에 관한 이해는 플라톤에 의거한다.

기록철학이라야 철학이라고 하게 된 다음에도 기록철학에 관한 강의나 논의는 구두어로 했다. 근대 이전의 기록철학은 민족어가 아닌 공동 문어를 사용했다. 그러나 공동 문어를 그대로 말로 할 수 없거나 이해하지 못하면 민족 구어를 사용해야 했다.10)

학교출판부, 1997);《세계·지방화시대의 한국학》전10권 (대구: 계명대학교출판부, 2005-2009);《학문론》(서울: 지식산업사, 2012)에서 진행한 작업이다.

10) 힌두교 철학 혁신에서 가장 큰 업적을 남긴 라마누자가 공동 문어인 산스크

그 부분도 구비철학이라고 한다면 구비철학은 기록철학과 계속 동반 관계를 가졌다.

구비철학(oral philosophy)이라는 말은 전에 없다가 아프리카철학 연구에서 사용되기 시작했다.[11] 철학은 글이어야 한다고 할 때에는 아프리카에는 철학이 없다고 했다. 그것은 자존심이 크게 상하는 일이므로, 반론을 제기해야 했다. 아프리카인의 자아 각성을 위해 철학에 대한 재인식도 반드시 필요했다.[12] 폴리네시아 사람들의 철학도 관심의 대상으로 등장하고 있다. 폴리네시아는 문자를 사용하지 않은 곳이어서 구비철학밖에 없다. 이야기나 노래 형태의 구비 전승에 우주와 생명, 인간과 역사에 관한 견해가

리트로 저술하고 자기 말인 타밀어로 강학한 것이 좋은 본보기이다. 이에 관한 고찰을 다른 유사한 사례들과 함께 《철학사와 문학사 둘인가 하나인 가》(서울: 지식산업사, 2000) 228-350면에서 했다.

11) 《철학사와 문학사, 둘인가 하나인가》, 61-69면에서 전개한 논의를 가져와 재론한다.

12) Albert G. Mosley ed., *African Philosophy: Selected Readings*, Englewood Cliffs, New Jersey: Prentice Hall, 1995; P. H. Coetzee and A. P. Roux ed., *Philosophy from Africa: a Text with Readings* (Johannesburg: International Thomson Publishing Company, 1998)에서는 아프리카 구비철학을 발견하고 평가한 글을 모았다. Safro Kwame ed., *Readings in African Philosophy: an Akan Collection* (Lanham, Maryland: University Press of America, 1995)이라는 것은 아프리카 철학의 문제를 아칸 민족의 구비철학을 통해서 논의한 논문 선집이다. Kwame Gyekye, *An Essay on African Philosophical Thought: the Akan Conceptual Scheme* (Cambridge: Cambridge University Press, 1987)에서는 아칸 민족의 철학을 들어, 아프리카철학의 실상을 고찰했다.

있다.13)

중국에서는 구비철학이라는 말을 사용하지는 않지만, 소수민족의 철학사를 내면서 구비철학을 철학으로 받아들였다.14) 일찍부터 문자를 사용한 漢族만 철학을 하지 않고 문자를 사용하지 않는 여러 소수민족의 구비 전승 가운데 철학으로 평가할 것이 적지 않다고 한다.15) 그밖의 다른 여러 곳, 세계 모든 곳의 어느 민족이든 구비철학을 이룩했다.16)

기록철학의 유무와 관련 없이 구비철학은 독자적인 의의를 가진다. 구두로 전해질 수 있는 특이한 구조를 가지고, 관습을 깨뜨리고 상식을 넘어서는 중대 발언을 해서 소중한 이치를 깨우쳐주는 것이 구비철학의 본령이다. 알고 보면 그런 것들이 얼마든지 있고, 쉽게 연구할 수 있다. 구비문학 전공자가 철학에 관한 문제

---

13) 하와이 원주민의 오랜 전승을 모은 《쿠무리포》(Kumulipo)에 그런 생각이 다채롭게 나타나 있다. 《동아시아 구비서사시의 양상과 변천》(문학과지성사, 1997), 422–431면에서 이에 관해 고찰했다.

14) 蕭萬源 外 主編, 《中國少數民族哲學史》(合肥: 安徽人民出版社, 1992)가 그 좋은 예이다.

15) 앞의 책과 함께 肖万源 外 主編, 《中國少數民族哲學·宗敎·儒學》(北京: 當代中國出版社, 1995); 조동일, 《동아시아 구비서사시의 양상과 변천》에서 고찰한 사실이다.

16) André Jacob dir., L'univers philosophique (Paris: Presses Universitaires de France, 1989)에서는 아프리카 여러 곳, 남북 아메리카 원주민, 오세아니아, 말레이민족, 시베리아, 집시, 코르시카 사람들의 사례를 여러 필자가 분담해서 간략하게 고찰했다.

의식을 가지고 구비철학 연구도 할 수 있고, 철학 전공자가 구비 문학 조사 연구의 훈련을 받으면서 구비철학으로까지 연구를 확대할 수도 있다. 어느 쪽이든지 전공의 장벽을 넘어서서 통합학문으로 나아가야 바람직한 성과를 얻을 수 있다.

구비문학 가운데 작품의 가치가 큰 것도 있고 작은 것도 있다는 사실이 구비철학에도 해당한다. 구비철학을 보이는 대로 열거하려고 하지 말고 특히 뛰어난 예증을 집중적으로 고찰하는 데 힘써야 한다. 철학 연구는 뛰어난 창조를 더욱 선호한다. 몇몇 정상급 철학자가 철학사를 온통 지배하는 관례 철폐를 구비철학론의 선결 과제로 삼기는 어렵다. 구비철학에도 위대한 창조가 있어 정상급 철학자와 맞설 수 있다는 것을 입증하는 데 우선 힘써야 한다.

작전상의 차이는 있어도 목표는 다르지 않다. 구비문학 혁명을 구비철학으로 이어야 한다. 문학은 특별히 잘난 사람만 하는 별난 것이 아니고 누구든지 나날이 살아가면서 얻는 지혜의 창조물임을 구비문학에서 입증한 전환을 구비철학에서도 이룩하자. 지나치게 행세해 창조를 방해하는 거물 철학자들의 전제 왕국을 무너뜨리고 민주화를 성취하는 밑으로부터의 혁명을 구비철학에서 확대하자.

올라가고 내려가기

문자를 사용하고 기록철학이 시작된 다음에는 구비철학의 구실이 약화된 것이 불가피한 추세인 것 같으나, 그렇지 않다고 우리 유산이 말해준다. 좋은 증거를 元曉에게서 찾을 수 있다. 원효는 기록철학의 높은 봉우리를 이룩하면서 구비철학을 적극 활용했다. 원효 자신이 두 가지 철학을 함께 한 것만이 아니고, 일반 민중이 원효를 두고 하는 이야기에서 구비철학의 빛나는 창조물을 계속 마련했다.[17] 기록철학은 종결되고, 구비철학은 지속된다.

《三國遺事》〈二惠同塵〉을 보자. 원효가 경전을 풀이하다가 惠空을 찾아가 의심나는 곳을 묻고, 희롱하는 말을 주고받았다. 어느 날 두 사람은 시냇가에서 물고기와 새우를 잡아먹고 돌바닥 위에 대변을 보았다. 혜공이 그것을 보고 "네가 눈 똥이 내가 잡은 물고기이다"라고 했다고 한다.

두 사람은 승려인데 살생을 저지르고 헛소리를 했으니 무슨 기이한 일인가? 이런 의심이 부쩍 들면 무엇을 말하는지 알아낼 수 있다. 똥과 물고기를 두고 네 것이 내 것이고, 내 것이 네 것이라고 했다. 진리 탐구는 홀로 하려고 하지 말고 대화와 토론을 거쳐야 한다. 둘이 다투면서 승패를 가리다가 공동작업을 하게 되어야 한다. 그런 과정을 거쳐 마침내 부당한 분별을 넘어서서 원만

---

17) 〈원효설화의 변모와 사상 논쟁〉, 《한국의 문학사와 철학사》(서울: 지식산업
    사, 1997)에서 이에 관해 고찰했다.

한 경지에 이르러야 한다.

물고기가 똥이고 똥이 물고기이니, 깨끗한 것이 더럽고 더러운 것이 깨끗하다. 물고기는 깨끗하고 똥은 더럽다는 분별을 넘어서야 한다. 물고기가 똥이고 똥이 물고기라는 것은 한 걸음 더 나아가 삶이 죽음이고, 죽음이 삶이라는 말이다. 삶과 죽음의 분별을 넘어서야 하는 것이 더 큰 목표이다. 원효가 기록철학에서 논증하고 주장한 바가 구비철학에서 한층 충격적인 형태로 나타나 설득력을 높였다.

혜공과 원효가 만나 어느 정도 기이한 언행을 했으므로 이런 이야기가 생겨났을 것이다. 그러나 듣고 전하는 사람이 더 많은 창조력을 보탰다. 다음에 드는 것들은 사실 여부에서 자유로운 구비창작물로서 특별한 의의가 있다. 원효에 관한 구비철학이 원효의 기록철학과 당당하게 맞선다는 것을 보여주었다.

원효는 義湘과 함께 불법을 구하기 위해 당나라로 가다가 심한 폭우를 만나 토굴에서 비를 피하고 잠을 잤는데 깨어보니 옛 무덤이었다. 귀신이 나타나 놀라게 했다. 굴이라고 여기면 편안하게 자고, 무덤인 줄 알자 귀신이 나타나니 모든 것이 마음에서 생겨나는 줄 깨달아 이미 불법을 얻었으니 중국에 갈 필요가 없다면서 의상과 헤어져 되돌아왔다고 했다.

《宋高僧傳》에 전하는 이 전승에다 각색을 보탠 것도 있다. 원효가 그 날 밤에 토굴 속의 샘물을 마셨는데 날이 밝고 보니 시체 또는 해골에 고인 물이었다고 했다. 구역질이 나서 토하려 하다가 모든 것이 마음에서 생기는 이치임을 문득 깨달았다고 했다. 원효의 학문이 의상과 다른 이유를 사실과 거리가 한층 멀어진 설화에서 더 설명했다.

《삼국유사》에서 동해안에 관음보살이 나타났다 해서 찾으러 갔다고 한 이야기에서도 의상과 원효의 대조적인 성향이 잘 나타나 있다. 의상은 보살을 만나려고 목욕재계하고 온갖 정성을 다 갖추었다. 보살은 용의 무리가 옹위하고 수많은 보배로 장식되어 있어 모습이 쉽사리 드러나지 않았다. '眞'과 '俗'이라는 말을 써서 논의를 진행해보자. '진'은 '진'이라고 하니, 높이 받들면서 찾아야 할 것은 더욱 멀어졌다. 그러나 원효는 그렇지 않았다.

원효가 만난 보살은 벼를 베거나 개짐을 빨고 있는 여자였다. 만나서 장난짓거리 말을 나누었다. 그것은 '진'과 '속'이 둘이 아니라는 말이다. 원효가 수많은 저술에서 역설한 사상의 핵심을 이야기 만드는 사람들이 꿰뚫어보고 누구나 알아들을 수 있게 전달했다. 그러면서 원효가 모자라는 점까지 지적했다. 물을 달라고 하니 여자가 개짐을 빤 물을 떠주자, 원효는 쏟고 다른 물을 떠서 마셨다고 했다. 더럽고 깨끗하다는 분별에서 아주 벗어나지 못해 원효의 깨달음이 온전하지 못하다고 했다.

이야기가 거기서 끝나지 않고, 신라 말의 선승인 梵日에게로까지 이어져 불교사를 꿰뚫었다. 범일이 찾아낸 보살은 시골 아낙네의 철없는 아들놈이 동무 삼아 노는 상대라고 했다. '속'이라야 '진'이라는 데 이른 셈이다. 그것이 선종의 사상이다.

고승은 높은 경지에 이르렀다고 우러러보면서 칭송할 것은 아니라고 했다. 귀족적인 초탈을 내세우는 잘못을 타파하고 상하를 구분하는 격식을 깨는 것이 고승이 몸을 낮추어 해야 할 일이라고 했다. 원효와 비슷한 행적을 보인 다른 몇 사람의 이상스러운 승려들을 등장시켜 고답적인 불교를 불신하고 민중의 발랄한 삶을 긍정했다. 숭고가 아닌 골계를 찾고, 격식을 버리고 비속을 택했다.

유식 위의 무식

원효 이야기를 다시 보자. 사복이라는 인물과의 관계가 《삼국유사》〈蛇福不言〉에 있다. 위의 논의에 포함될 수 있는 것이지만 오늘날의 구전과 연결시켜 다루려고 별도의 항목을 만들었다.

사복은 과부인 어머니가 남편 없이 낳은 아들이다. 사복이란 이름이 뱀처럼 기어 다니는 아이라는 뜻이다. 열 살이 되도록 일어서지 못하고 말도 못했다. 사복은 원효에게 자기 어머니 장사를 함께 지내자고 했다. 원효가 "나지 말라, 죽는 것이 괴롭다. 죽지 말라, 나는 것이 괴롭다"고 하자, 사복이 말이 많다고 나무라고 "죽고 사는 것이 괴롭다"고 했다. 사복은 어머니 시신과 함께 땅속에 들어가고 원효 홀로 돌아왔다.

같은 유형의 설화가 여럿 구전된다. 사건은 달라도 기본 구조는 같다. 세상에서 크게 알아주는 유명인이 무명인에게 지는 뜻밖의 일이 일어났다고 하는 유형이 되풀이되어 나타난다. 인물 선택은 다양하고, 분포가 넓다.

경상북도 영덕군 영해면 현지 조사에서 몇 가지 사례를 발견했다.[18] 이름난 시인 申維翰보다 신유한의 말을 모는 하인이 시를 더 잘 지었다. 남을 속이기를 일삼는 김선달이 속아 낭패를 본 일이 있었다. 천하장사 申乭石 장군이 어디 가서 누군지 모를 사람에게 지고 왔다.

전국적인 범위의 설화 조사에서는 더 많은 자료가 보고되었다. 그 가운데 하나만 골라 개요를 든다. 뛰어난 이인 李之菡조차 모르는 일을 소금 장수는 알았다. 이지함은 물이 차올라온다는 것만, 소금 장수는 경계선이 어디인가 하는 것까지 알았다. 이 유형은 전국에 널리 분포되어 있다.[19]

이 유형의 설화는 무엇을 말하는가? (가) 가장 높다는 것보다 더 높은 것이 있다. 끝이 시작이다. (나) 낮은 것이 높고, 높은 것이 낮다. 미천한 것이 존귀하고, 존귀한 것은 미천하다. 무식이 유식이고, 유식은 무식이다. (다) 높고, 존귀하고, 유식하다는 것을 자랑하면 빨리 망한다. 낮고, 미천하고, 무식한 것을 부끄럽게

---

18) 《인물전설의 의미와 기능》(경산: 영남대학교출판부, 1979)

19) 《한국구비문학대계》《별책부록 1 한국설화유형분류집》(성남: 한국정신문화연구원, 1989)의 "231-3 토정보다 나은 소금장수(부인)" 유형이다. 각권 《1-2 경기도 여주》, 《4-1 충청남도 당진》, 《4-3 충청남도 아산》, 《4-4 충청남도 보령》, 《4-5 충청남도 부여》, 《5-3 전라북도 부안》, 《6-2 전라남도 함평》, 《6-6 전라남도 신안》, 《7-15 경상북도 구미·선산》에 자료가 보고되어 있다.

여기지 말고 당당하게 살아가면 역전이 일어난다.

(가)는 총론이라면, (나)는 각론이다. 둘 다 존재 일반의 원리이면서 사람이 살아가는 모습이다. (가)는 생극론의 성립 근거이고, (나)는 생극론을 이루는 중요한 이치의 하나이다. 이런 깨달음을 갖추는 데서 구비철학이 기록철학보다 앞섰다. 깨달음을 실행하는 (다)의 지침을 제시하기까지 한다.

오륜에 관한 시비

사람은 五倫이 있어 다른 동물들보다 존귀하다. 이것이 유학의 기본 사상이다. 朱熹가 그 근거를 한층 분명하게 해서 반론을 제기할 수 없게 했다. 그러나 18세기 氣철학자들은 절대적인 것 같은 권위를 조심스럽게 비판하면서 이치가 그렇지 않다고 깨우치려고 했다.

洪大容은 〈毉山問答〉에서 말했다. "五倫五事 人之禮義也 群行呴哺 禽獸之禮義也 叢苞條暢 草木之禮義也 以人視物 人貴而物賤 以物視人 物貴而人賤 自天而視之 人與物均也"(五倫이나 五事는 사람의 예의이고, 무리를 지어 기어 다니면서 서로 불러 먹이는 것은 금수의 예의이고, 떨기로 나며 가지가 뻗어나는 것은 초목의 예의이다. 사람의 견지에서 物을 보면 사람이 귀하고 물은 천하다. 物의 견지에서 사람을 보면, 物이 귀하고 사람은 천하다. 하늘에서 보면 사람과 物이 균등하다)고 했다.

탈춤 대사는 한 걸음 더 나아갔다. 사람만 오륜이 있다는 주장을 심하게 야유했다. 개에게도 오륜이 있다고 했다. "毛色相似하니 父子有親이오, 知主不吠하니 君臣有義요, 孕後遠夫하니 夫婦有別이요, 小不敵大하니 長幼有序요, 一吠衆吠하니 朋友有信이라." 지금은 이런 말마저 번역해야 이해할 수 있게 되었다. "털빛이 비슷하니 부자유친이요, 주인을 알아보고 짖지 않으니 군신유의요, 새끼 밴 다음에는 지아비를 멀리 하니 부부유별이요, 작은 것이 큰 것에게 대들지 않으니 장유유서요, 한 마리가 짖으면 뭇 놈들이 짖으니 붕우유신이라."

오륜이란 다름 아니라 산 것들이 살아가는 모습이다. 사람만 오륜이 있다는 것은 사람만 살고 있다는 말이다. 이렇게 주장하면 큰일 났다. 윤리적 질서의 근본을 부정하는 대역죄를 저지르니 목숨을 부지할 수 없었다. 윤리가 모든 것의 근본이라고 여기던 시대였다. 그런데도 탈춤에서는 말을 함부로 하는 자유를 누리고 허용될 수 있는 범위를 넘어서서 진실을 설파했다.

신명이란 무엇인가

崔漢綺는 사람이 정신활동을 하는 氣를 '神氣'라고 했다. '神氣'가 바로 '神明'이다. '神'은 양쪽에 다 있는 같은 말이고, '氣'를 '明'이라고 일컬을 수 있다. 안에 간직한 신기가 밖으로 뻗어나서 어떤 행위나 표현 형태를 이루는 것을 두고 신명을 푼다고 한다.

'신명풀이'는 신기의 발현이다. 사람은 누구나 신기 또는 신명을 지니고 살아가지만, 천지 만물과의 부딪힘을 격렬하게 겪어 심각한 격동을 누적시키면 그대로 덮어두지 못해 신명을 풀지 않을 수 없는 지경에 이른다.

탈춤에서는 신명풀이를 몸으로 한다. 공연 전체가 신명풀이로 이루어져 있다. 그러면서 신명풀이의 철학을 구현하고 있기도 하다. 양주산대 제5과장 제2경 침놀이가 그 좋은 본보기이다.[20]

말뚝이라는 위인이 아들·손자·증손자를 데리고 산대굿을 구경하러 나왔다가, 아들·손자·증손자가 음식을 함부로 사 먹고 관격이 되어 사경에 이르렀을 때, 완보라는 친구를 만났다. 말뚝이와 완보는 아들·손자·증손자를 살리려고 여러 가지로 애쓰다가, 신주부라는 의원을 불러온다. 신주부가 침을 놓자, 아들·손자·증손자는 살아난다. 나타난 대로 보면 이런 내용이다. 무엇을 의미하는지 알아보려면 다음과 같은 분석이 필요하다.

삶	죽음
(가) 주식을 함부로 사먹고 관격이 되었다.	
(나) 술독에 거꾸로 빠졌다. 초상집에서 된 급살을 맞았다. 음마등병에 걸렸다.	

---

20) 《탈춤의 원리 신명풀이》(서울: 지식산업사, 2006)에서 한 작업을 이용한다.

	(다) 죽은 지 석삼년 열아홉 해가 되었다. 백골천창이 되었다.
	(라) 살아나려고 손가락이 꼼지락한다. 죽지 않았으니 살려주시오.
(마) 신을 풀지 못해서 난 병이다. 3대 4대가 무당일세. 신이 나니까 뛰지.	
(바) 침을 놓으니 살아나 춤을 춘다.	

이렇게 정리해놓고 보면, (가)에서 (나)를 거쳐 (다)로 가는 과
정은 삶에서 죽음으로의 이행이고, (라)에서 (마)를 거쳐 (바)로
가는 과정은 죽음에서 삶으로의 이행이다. 삶에서 죽음으로, 다시
죽음에서 삶으로 이행하는 것이 전체적인 내용이다. 이것이 바로
순차적인 구조의 핵심이다. 침을 놓으니 살아났다는 것은 흔히
있을 수 있는 평범한 일에 지나지 않는다. 그 정도라면 침놀이는
심각한 의미를 가지지 않는 구경거리라고 할 수 있다.

(나)와 (마)의 관계는 그렇게 단순하지 않다. (나)에서는 하고
싶은 대로 한 과욕이 죽음의 원인이라고 하고, (마)에서는 하고
싶은 대로 해서 신명을 풀어야 살아날 수 있다고 한다. (가)와
(바)만 보면 삶에서 죽음으로, 다시 죽음에서 삶으로 이행하는
것이 우발적 사고 해결이라고 하겠는데, (나)와 (마)가 있어 문제

가 그처럼 단순하지 않다.

(나)에서 말하는 죽음의 원인은 (가)에서 말하는 것보다 심각하다. 술독, 초상집, 음마등병 등은 우발적 사고가 아니며, 하고 싶은 대로 한 과욕이 죽음의 원인임을 말해준다. (마)에서 제시한 죽음에서 삶으로 이행하는 방법은 침을 놓아 병을 치료하는 정도의 것이 아니다. 치료법의 더욱 깊은 원리를 제시해, 하고 싶은 대로 해서 신명을 풀어야 한다고 한다.

(가)와 (바)는 순차적인 구조의 서두와 결말이지만, (나)와 (마)의 대립에 관해서는 같은 말을 할 수 없다. (나)와 (마)는 둘 다 욕망에 관해 말하면서 (나)에서는 욕망이 죽음의 원인이라고 하고 (마)에서는 욕망이 삶에의 길이라고 하는 서로 반대되는 주장을 한다. 그러므로 (나)와 (마)의 대립은 작품의 병행적 구조를 만들어, 순차적 구조에서는 드러나지 않는 사실을 알려준다.

(다)와 (라)는 둘 다 죽은 상태를 말하면서도 서로 반대가 된다는 점을 주목할 필요가 있다. (다)에서는 완전히 죽어버려서 살아날 가망이 없다고 한다. (라)에서는 죽기는 죽었어도 살아날 수 있다고 한다. 죽은 지 석삼년 열아홉 해가 되었는데 살아나려고 손가락을 꼼지락하니, 죽었다고 하면 죽었고 살았다고 하면 살았다. 죽음이 곧 삶이라는 역설이다. 죽음이 곧 삶이어서 죽음에서 삶으로 전환이 가능하다. (나)와 (마)의 대립은 (다)와 (라)의 대립이 있기 때문에 성립될 수 있다. 병행적 구조가 (나)와 (마)의 대립에서 특히 풍부하게, (다)와 (라)의 대립에서 가장 날

카롭게 나타난다.

(가)에서 (다)까지의 전개는 하고 싶은 대로 하는 과욕이 죽음의 원인이라고 하고, 죽음에서 벗어날 수 없다고 한다. (라)에서 (바)까지의 전개는 하고 싶은 대로 하지 못하고 욕망을 억제한 것이 죽음의 원인이라고 하고, 죽음에서 벗어날 수 있다고 한다. 통상적인 주장이 앞의 것으로 제기되는 데 대해서 탈춤은 뒤의 반론을 제기한다.

과욕이 죽음의 원인이므로 욕망을 억제해야 한다고 한다면 문제가 다시 생긴다. 욕망의 억제는 활동의 최소화를 요구한다. 하고 싶은 대로 하고 신명을 풀어야 죽지 않을 수 있다면, 죽음이 극복되고 삶이 예찬된다. 삶은 신이 나니까 뛰고, 술독에 거꾸로 빠지더라도 술을 마시고, 초상집에 가서도 먹을 것을 먹고 마실 것을 마시고, 장애가 있더라도 성욕을 충족시키는 것을 허용한다.

말뚝이는 스스로 "3대 4대 무당일세"라고 했다. 말뚝이 일가가 노래하고 춤추며, 뛰놀면서 충만한 삶을 계속해왔다는 뜻이다. 그런 사람들이 탈춤을 만들고 즐기면서 욕망을 억제하지 않고 충족하면서 삶을 예찬하는 주장을 폈다.

말뚝이·아들·손자·증손자는 삶에서 죽음으로 이행하는 과정에서, 그리고 죽음에서 삶으로 이행하는 과정에서 서로 상반된 의미를 가지고, 두 과정의 필연성을 동시에 입증한다. 두 과정이 서로 팽팽하게 맞서 있는 것만은 아니다. 근본이 천인이고 놀기 좋아하는 성미여서 아들·손자·증손자를 다 데리고 놀이판에 나온 말뚝이는 한쪽을 선택했다. 욕망을 함부로 충족시키는 것이 죽음의 원인이므로 욕망을 억제해야 한다고 하는 것이 자기 생각은 아니다. 그것은 강요된 탓에 마지못해 받아들인 도덕적 당위이다.

말뚝이 일가는 그런 구속에서 벗어나 하고 싶은 대로 하고 신명을 풀어야 죽음에서 벗어난 삶에 이른다는 것을 입증하고, 죽음에서 벗어나 삶에 이르는 새로운 길을 찾아냈다. 말뚝이·아들·손자·증손자의 관계에는 존재하는 위계질서를 거부하고, 말뚝이보다는 아들이, 아들보다는 손자가, 손자보다는 증손자가 신명이더욱 과하다는 것을 보여주었다. 희망찬 미래가 약속되어 있다고했다.

철학사 이해 바로잡기

구비철학이 철학이라고 인정하고, 구비철학은 세계 어느 곳에든지 있었다는 사실을 알면, 철학사 이해의 관점이 달라진다. 철학사는 표면과 내면의 관계를 가진 기록철학과 구비철학을 함께다루어야 한다. 둘의 관계 해명이 핵심 과제로 등장한다.

이와 함께 유럽문명권중심주의 관점에서 철학사를 이해하는잘못을 시정하지 않을 수 없게 된다. 철학은 고대 그리스에서 시작된 유럽문명권의 독점적인 산물이 아니고, 인류의 모든 집단이각기 이룩한 창조물이다. 유럽철학을 받아들이면 자기 전통에 입각해 변형시키고 재창조하는 것이 당연하다.

한국의 구비철학은 한국철학사 이해를 바꾸어놓는다. 우선 취급 범위가 달라져야 한다. 한국철학사는 구비철학사와 기록철학사를 함께 다루어야 한고, 둘의 관계를 중요시해야 한다. 이렇게 해서 한국철학사에 대한 전반적인 이해를 바로잡아야 한다.

한국철학사를 중국철학 또는 중국에서 재정립된 불교 철학의 수용사라고 하고 마는 것은 잘못이다. 수용 과정에 구비철학이 개입해 변혁이나 재창조를 빚어냈다. 한국철학이 중국철학과 달라진 이유의 많은 부분을 구비철학을 탐구하면 알아낼 수 있다. 한국에서는 기록철학이 크게 성장한 다음에도 구비철학이 활발하게 작용해 둘의 생극 관계가 지속되었다.

한국철학이 중국철학과 두드러지게 다른 특징의 하나는 통합 지향이다. 元曉는 불교 이론 여러 종파의 대립을 넘어서려고 했다. 知訥은 선불교를 중흥하면서 이론 불교를 아우르려고 했다. 一然이 원래 별개인 역사서·고승전·설화집을 합쳐《三國遺事》를 만든 것도 이와 함께 고찰할 사안이다. 崔濟愚는 儒·佛·道를 통합해 東學을 창건한다고 했다.

이렇게 된 연유를 찾으려면 구비 전승과의 관련을 주목하지 않을 수 없다. 구비 전승에서는 구비철학이 구비문학이고 구비 역사이다. 구비철학이라고 할 것이 이렇게 규정할 수 있는 복합적이고 총체적인 사고이다. 문자를 사용하는 지식인이 사상을 정립하고 저술을 하면서 민중과 가까운 관계를 가지고 민간의 구비철학을 적극 수용해 통합론의 경향을 두드러지게 나타냈다고 할 수 있다.

理철학과 氣철학의 양립이 중국에서보다 한국에서 더욱 선명하게 나타났다. 이철학은 중국에서 받아들여 따르려고 했지만, 기철학은 중국의 전례보다 노선이 한층 선명하고 철저해 기본 발상을 독자적으로 마련했다고 보아 마땅하다. 이렇게 된 이유도 구비철학과의 관련에서 찾을 수 있다. 기철학적 사고를 생활신조로 삼는 민중의 구비철학이 상승해 한국철학의 특징을 만들어냈다고 하는 것이 적절한 해명이다.

李奎報는 조물주가 자기 스스로를 부정했다고 한 기이한 글 〈問造物〉에서 "物自生自化"(물은 스스로 생기고 변한다)고 했다. 이것은 스스로 깨달은 원리이다. 鄭道傳이나 金時習이 전개한 기철학도 특정 전례와 연결되지 않는 독자적인 창안이다. 이철학의 수용이 뚜렷하게 이루어진 다음에는 기철학자들도 중국의 전례를 참고했으나, 산출한 결과는 중국 것과 상당한 거리가 있다.

張載와 徐敬德, 羅欽順과 任聖周, 王夫之와 洪大容, 戴震과 崔漢綺를 견주어보자. 중국의 장재·나흠순·왕부지·대진은 경전 주해에다 자기 견해를 삽입하기나 했는데,[21] 한국의 서경덕·임성주·홍대용·최한기는 독자적인 논술을 다양한 표현 형태를 개발해 전개했다. 분명한 주장을 철저한 논증을 갖추어 전개하지 못할 때에는 두 가지 방법을 사용했다. 연결되는 설명을 배제해 충격을 주고 시비를 피하는 단상을 열거하기도 했다. 〈毉山問答〉이나

---

21) 丁若鏞은 경학에 힘써 중국과 같은 방법을 택하고 기철학을 하지 않아 함께 논의할 수 없다.

〈虎叱〉같은 우언을 이용하는 유격전법을 택하기도 했다.22) 그래서 구비철학의 표현법과 더욱 밀접한 관련을 가졌다. 그러다가 마침내 최한기의《氣測體義》·《人政》·《氣學》에서 볼 수 있는 체계적인 저작이 이루어졌다.

중국철학사와 한국철학사의 전개를 거시적인 관점에서 비교해 보자.23) 고대에는 중국의 孔子에 견줄 만한 한국의 철학자는 없었다. 중세 전기에 중국에서 董仲舒가 수행한 과업을 한국의 金富軾은 천여 년 뒤에 힘겹게 뒤따랐다. 중세 후기에는 중국의 朱熹가 이룩한 성리학의 이철학을 4백 년 정도의 간격을 두고 한국의 李滉이 철저하게 다졌다. 중세에서 근대로의 이행기에는 중국의 羅欽順·王夫之·戴震보다 한국의 任聖周·洪大容·朴趾源·崔漢綺가 기철학을 더욱 분명하게 하고 한층 발전시켰다.

한국철학은 중국철학과의 간격을 줄이다가 중국철학보다 앞서게 되었다. 이렇게 된 이유가 무엇인지 둘을 들어 말할 수 있다. 문명권 중심부의 우위가 시대가 바뀌면서 퇴색되고 변방이 더 발

---

22)《철학사와 문학사 둘인가 하나인가》에서, 철학사를 이해하려면 체계적인 저술이 아닌 다양한 글쓰기 방식을 모두 고찰하고 철학과 문학의 얽힘을 알아야 한다고 했다. 인도철학사나 아랍철학사에는 중세에서 근대로의 이행기 철학의 새로운 창조가 없었다고 하는 통설은 철학 논설 대신 시 창작을 표현 방법으로 삼은 것을 무시한 단견이라고 비판하고 시정하는 대안을 내놓았다.

23)〈중국철학사와 한국철학사〉,《우리 학문의 길》(서울: 지식산업사, 1993)에서 전개한 논의를 간추려 옮긴다.

전되는 것이 여러 문명권에서 일제히 확인되는 공통된 변화이다. 그런 변화가 기철학의 발전으로 나타난 데는 특별한 이유가 있다. 민중이 육성한 구비 기철학이 비판적인 학자들에게 작용하고 수용되어 중국을 능가하는 창조를 이룩했다고 보는 것이 타당하다. 민중의 구비 기철학이 한국에만 있었다고 할 수는 없다. 한국이 특별한 점은 비판적인 철학자들이 민중과 가까운 관계를 가지고 민중의 창조에 호응한 데 있다고 할 수 있다.

구비철학은 기록철학이 없으면 큰 구실을 하지만, 기록철학이 성장하면 물러나는 것이 예사이다. 한국은 기록철학의 유산이 풍부해 근대 이전의 철학사를 문명권이 아닌 민족국가 단위로 서술할 수 있는 유일한 곳이다. 그런데 구비철학 창조가 줄곧 활성화되어 기록철학과 당당하게 맞서 논란을 벌여왔다.

이상의 논의는 확정적인 것이 아니며 보완과 발전이 요망된다. 분명하게 말할 수 있는 사실은 구비철학과 기록철학의 상호작용에 대한 고찰을 긴요한 과제로 등장하게 되었다는 것이다. 이제부터 어떻게 해야 하는가? 이 질문에 몇 가지 대답을 할 수 있다.

구비철학의 소중한 사례를 많이 확보해 깊이 있게 고찰하자. 기록철학에 구비철학 논법이 들어가 있는 양상을 찾아내 유사한 구비철학과 비교하자. 기록철학에서 구비철학을, 구비철학에서 기록철학을 체험한 계기와 방식을 추론하자. 상호작용의 원리와 실제를 알아내는 이론적이고 실증적인 작업을 하자.

철학의 창조학을 위하여

철학사는 철학 창조의 원천을 찾고 미완성품을 가져와 가공해 완성하려고 연구한다. 철학 창조는 無에서 有를 만들어낼 수 없고 기존의 有에서 새로운 有를 만들어내야 한다. 고금학문 합동작전을 하는 것이 성과를 보장하는 방법이다.24)

나는 생극론으로 오늘날의 철학을 이룩하고자 하면서, 기록철학과 구비철학 양쪽의 유산을 이어 활용한다. 생극이라는 용어, 상생이 상극이고 상극이 상생이라는 명제, 이런 이론적 논의의 대강은 기록철학에서 가져온다. 그러나 생극론의 생생한 내용, 실제 사례를 통한 검증, 새로운 발상 등은 구비철학에서 더 많이 찾는다.

철학을 생업으로 삼는 사람들은 기록철학에 매달리고 있는 탓에 철학을 창조하기 어렵다. 기록철학 연구는 글읽기에 매여 재창조의 단서를 얻지 못하는 폐단이 있다. 질곡에서 탈출해 재출발하려면 구비철학에서 발상의 자유를 얻어야 한다. 자유를 일탈로 여기기나 하면 구비철학이라는 스승을 만나지 못한다. 구비철학은 철학이 아니라고 생각하다가, 이치의 근본에 관한 논란을 찾지 못하고 말 수 있다.

기록철학은 구비철학처럼, 구비철학은 기록철학처럼 이해해야

---

24) 《세계·지방화시대의 한국학 4: 고금학문 합동작전》(대구: 계명대학교출판부, 2006) 전권에서 이에 관해 고찰했다.

양쪽의 난관을 함께 타개할 수 있다. 둘을 합쳐야 표면과 내면, 이론과 실제, 규범과 자유가 하나가 된다. 기록철학과 구비철학이 함께 풍부하게 이룩되고 밀접한 관련을 가져온 곳에서 새로운 철학을 위한 창조학을 선도하는 것이 마땅하다.

문명 전환기에 해야 할 일[25]

초록

근대를 넘어서서 다음 시대로 나아가는 문명의 전환은 세 가지
과업을 요구한다. 여러 문명권이 대등한 관계에서 화합해야 한다.
인간은 다른 생물을 비롯한 모든 자연물과 대등한 관계에서 화합
해야 한다. 모든 학문이 대등한 관계에서 화합해야 한다. 이를 위
한 지혜를 고금학문 합동작전에서 찾는 것이 마땅하다. 유산에는
우열이 없고, 활용에는 우열이 있다. 원효·이황·정약용의 가르침
을 이어받자는 발표가 진행되므로, 가능성이 한정되어 있지 않고

---

25) 이 글은 2014년 5월 28일 계명대학교 한국학연구원 국제학술회의 "문명전환
    기 한국인문학"에서 기조 발표를 한 원고이다. 원래의 제목은 〈문명 전환기
    한국학의 진로〉였다. 주최 측이 요구해서 쓴 〈초록〉을 그대로 둔다.

노력하면 더 커진다는 것을 입증하기 위해 정도전·홍대용·최한기와 만나 문명 전환을 위한 새로운 학문의 출발점을 마련하고자한다.

문명 전환의 방향

문명 전환을 고찰하려면 문명이 무엇인지 분명하게 규정하는 것이 선결 과제이다. 문명은 사람이 살아가면서 이룩한 가치관 및 그 실현 방식 가운데 포괄적인 상위개념이어서, 개별적 특성을 가진 하위개념인 문화와 구분된다. 문명은 여러 민족이나 국가가 공유한다. 문명이라고 해서 같기만 한 것은 아니고, 지역이나 시대에 따라 달라 유럽문명, 동아시아문명 등이 구분되고, 시대에 따라 달라 중세문명, 근대문명 등이 구분된다. 중세문명에서는 지역의 차이가, 근대문명에서는 시대의 공통점이 더욱 두드러진다.

문명의 전환이란 문명이 시대에 따라 달라지는 것을 말한다. 근대문명을 넘어서서 다음 시대의 문명을 이룩하는 과업이 지금 논의하고 있는 문명의 전환이다. 근대문명을 이룩할 때에는 유럽이 앞서고 동아시아가 뒤따랐으나, 다음 시대 문명을 이룩하는 과업은 선후가 바뀌어 동아시아가 선도해 수행할 수 있다. 과연 그런지 밝혀 논하고 해야 할 일을 알아서 하는 선구자 학문의 길을 한국에서 먼저 제시할 수 있다.

문명 전환이 무엇을 의미하는지 밝히는 시도에서 선구자 학문이 시작된다. 문명 전환이 어느 방향으로 이루어지는지 알아야 하는 과업은 아직 수행하지 않았다. 의문을 제기하고 해결하는 작업을 깊이를 더해 진행하면서 "문명 전환기 한국학"이라는 표제에 상응하는 내용을 갖추고자 한다. 학문 주체는 "한국학"이면서 대상에서는 "세계학"으로 나아가고자 한다.

전환을 위한 혁신

근대문명을 넘어서서 다음 시대의 문명을 이룩하려면 무엇을 해야 하는가? 이에 대해 세 가지 대답을 할 수 있다. (가) 유럽문명이 다른 문명보다 배타적으로 우월하다고 하는 잘못을 시정하고, 여러 문명권이 대등한 관계에서 화합해야 한다. (나) 사람이 자연보다 배타적으로 우월하다고 하는 잘못을 시정하고, 사람은 다른 생물을 비롯한 모든 자연물과 대등한 관계에서 화합해야 한다. (다) 자연학문이 다른 여러 학문보다 배타적으로 우월하다고 하는 잘못을 시정하고, 모든 학문이 대등한 관계에서 화합해야 한다.

"배타적으로 우월하다고 하는 잘못을 시정하고", "대등한 관계에서 화합해야 한다"는 말을 세 번 되풀이했다. 앞의 것은 근대문명의 특징이고, 뒤의 것은 다음 시대로 나아가는 지표이다. 세 가지 과제라고 정리한 것들이 상이한 내용인데, 특징이나 지표가 일치하는 것은 우연이 아니다. 깊은 연관 관계가 있어 밝혀내야 한다. (다)·(나)·(가)로 나아가는 역순의 고찰에서 길을 찾을 수 있다.

(다)의 문제가 생긴 연원을 알아보자. 중세 학문은 인문학문이라고 할 것을 중심으로 해서 여러 분야가 총체적인 연관을 가졌는데, 근대에 이르러서 자연학문이 독립되어 검증이 철저한 방법의 우월성을 자랑하고 기술 개발에서 경이적인 능력을 발휘해 학문의 판도를 바꾸어놓았다. 자연학문이 배타적으로 우월하다고 하자, 자연학문의 방법을 받아들여 사회현상을 탐구한다고 사회학문도 독립을 선포했다. 홀로 남은 인문학문은 자구책을 강구하지 않을 수 없게 되었다. 자구책을 고립에서 찾아, 지나치게 세분된 분야마다 각기 고유한 영역과 방법이 있다고 하면서 소통을 거부하는 데까지 이르렀다.[26]

(다)에서 생긴 변화가 (나)로 이어져 사태가 심각해졌다. 자연학문의 발전 덕분에 자연을 파괴해 이용하는 기술 개발에 앞선

---

26) 논의를 바람직하게 진행해 유용한 방안을 마련하기 위해 먼저 학문을 일컫는 용어를 바로잡아야 한다. 'natural science'·'social sciences'·'humanities', 또는 그 번역어 '자연과학'·'사회과학'·'인문학'은 고립과 차등을 나타낸다. 'science 과학'은 본령인 'natural science 자연과학'을 높이고 다른 둘을 낮춘다. 영어에서는 복수형을 사용하는 'social sciences 사회과학'은 'science 과학'이라는 말을 차용한 추종자여서 동격일 수 없고, 'humanities 인문학'은 'science 과학'이라고 일컬어지지도 않아 최하위이다. 고립과 차등을 타파하려면 '과학' 대신 '학문'이라는 용어를 사용해야 한다. 《학문론》(서울: 지식산업사, 2012), 21–25면에서 이에 관해 고찰했다.

유럽문명권에서 지구의 질서를 유린하기 시작했다. 사람은 자연을 지배하는 주인이고 다른 생물보다 우월하다는 주장은 오래 전부터 있었으나 종교적이거나 도덕적인 관념에 머물렀다. 자연을 지배하고 다른 생물을 이용하는 기술을 개발하자 그런 관념이 실질적인 힘을 행사해 참사를 빚어냈다. 환경을 파괴하고 생태계를 교란하고 기후를 바꾸어놓는 데까지 이르러 불행이 인류에게 되돌아오게 한 것은 잘 알려진 바와 같다.

(나)의 변화가 (가)를 가져왔다. 기술 개발로 얻은 물질적 능력을 이용해 유럽문명권 열강이 다른 여러 문명권을 침략하고 지배해 인류를 불행하게 했다. 침략과 지배를 정당화하려고 유럽문명권은 물질적 능력뿐만 아니라 정신적으로도 우월하다고 주장했다. 자유와 민주가 인류의 공통된 소망임을 인정하지 않고, 고대 그리스에서 이어온 유럽문명의 자랑이라는 신화를 조장했다. 다른 여러 문명권의 많은 나라는 열세임을 인정하고 후진의 처지에서 벗어나려고 배타적으로 우월한 유럽문명을 추종하고 모방하려고 하는 시대가 지속되고 있다.

이러한 사실을 밝히면 학문에서 해야 할 일을 한 것은 아니다. 잘못을 시정하는 방안을 마련하는 것은 더욱 긴요한 과제이다. 잘못이 생긴 원인을 (다)·(나)·(가) 순서로 논의한 것이 해결 방안을 찾는 데도 유용하다.

(가)에서 시작해 유럽문명권의 배타적 우월을 뒤집으려면 뜻을 이룰 수 없다. 비난으로 문제를 해결할 수 없다. 유럽문명권의

우월은 사실이 아니고 허상이라고 주장하면 설득력을 갖추지 못한다. 폭력을 사용해 테러를 자행하기까지 하는 것은 어리석다. (다)에서 시작하는 반격은 물리적인 힘이 필요하지 않은 지혜 겨룸이다. 조상 전래의 전통에서 유리한 거점을 찾을 수 있다. 자연학문의 독주를 제어하고 학문들끼리 대등한 관계를 회복하고 학문을 통합하는 방향으로 나아가야 한다.

학문은 여러 학문을 대등한 위치에 두고 함께 일컫는 통합 개념이다. 통합을 강조하기 위해 통합학문이라는 말을 사용할 수 있으나 반드시 필요한 것은 아니다. 과학은 전문가의 탐구이기만 하지만, 학문은 學과 問의 복합어여서 탐구와 검증, 전문가와 참여자 양쪽의 작업을 포괄한다. 수입품인 과학을 원산지보다 앞서서 잘하는 방안을 마련하기 어렵지만, 학문은 동아시아 전래의 용어여서 오늘날의 문제를 해결하는 바람직한 방안을 마련하는 데 앞설 수 있게 한다.[27]

---

27) '학문'과 같은 뜻을 가진 말이 영어에는 없다. 'research'나 'scholarship'은 학문만큼 포괄적인 의미를 지니지 못하고 널리 쓰이지도 않는다. 독어의 'Wissenschaft'는 학문과 비슷하지만, 학문은 'wissen'과 'fragen'을 아우른 'Wissenfragenschaft'이다. 국제적인 경쟁력을 가진 학문을 하려면 외국어를 사용해야 한다는 것은 잘못된 생각이다. '과학'이 빚어낸 차질을 넘어설 수 있는 '학문'이 경쟁력의 원천이다. 오랜 내력을 가진 학문론을 이어받아 새롭게 정립해야 시대 전환에 앞설 수 있다. 얻은 결과를 정확하게 알리려면 '학문'은 번역하지 않고 'hakmun'이라고 할 필요가 있다.

고금학문 합동작전

 문명전환기 한국학을 바람직하게 이룩하려면 어떻게 해야 하는가? 먼저 역사 전환의 원리를 분명하게 알아야 한다. 유럽문명권에서 선도해 만든 근대는 중세를 부정하기 위해 중세가 부정한 고대를 부정의 부정을 통해 이어받았다. 이제 우리가 선도해 이룩하고자 하는 근대 다음의 시대는 근대를 부정하기 위해 근대가 부정한 중세를 부정의 부정을 통해 이어받아야 한다. 이러한 과정을 거쳐 역사는 순환하면서 발전하고 발전하면서 순환한다고 생극론은 말한다.

 근대학문은 부정의 부정을 통해 고대학문을 이어받았다. 유럽에서는 고대 그리스의 학문을 되살려 활용하면서 근대학문으로 나아갔다. 동아시아는 先秦 시대로 되돌아 중세의 편협성에서 벗어나고자 하고, 이른 시기 각국의 역사를 재인식해 민족주의의 원천으로 삼고자 했다. 지금은 근대가 부정한 중세학문을 부정의 부정을 통해 이어받아 근대 다음 시대의 학문을 이룩하기 위해 노력해야 한다. 아직 모습이 뚜렷하지 않고 이름도 없는 다음 시대의 학문을 無에서 지어낼 수는 없으므로, 有에서 有를 만들어내는 슬기로운 작전이 필요하다. 중세학문에서 소중한 원천을 찾아내 미래의 학문 창조를 위해 활용하는 것이 마땅한 방법이다. 이렇게 하는 것을 고금학문 합동작전이라고 일컫는다.[28]

---

28) 《세계·지방화시대의 한국학 4: 고금학문 합동작전》(대구: 계명대학교출판부,

중세는 학문을 존중한 시대여서 많은 자산을 남겼다. 여러 문명권 많은 나라의 중세학문 유산에서 고금학문 합동작전을 위한 원천을 발견할 수 있다. 정통으로 군림한 것들도 이해의 시각을 바꾸면 새롭게 활용할 수 있는 통찰력을 제공한다. 비정통이나 이단으로 몰린 것들에는 큰 가능성이 잠재되어 있어 더욱 힘써 찾아낼 필요가 있다. 중세의 이상이었던 단일화 또는 교리화가 근대에 의해 부정된 것은 다행으로 여겨 되살리려고 하지 말자. 근대가 자랑하는 다양한 창조의 자유를 중세에서 새롭게 찾아내려고 하는 것을 중세 부정의 부정을 위한 출발점으로 삼아야 한다.

고금학문 합동작전의 원천으로 삼는 중세학문의 원천은 나라나 문명권의 경계를 넘어서서 어디서나 가져올 수 있다. 그러나 다른 문명권, 남의 나라의 원천은 기존의 이해를 넘어서서 내부에 깊숙이 들어가 새로운 가능성을 발견하는 자유를 누리기 어려워, 그쪽에서 더 잘 활용하기를 기대하고 결과에 관심을 가지는 것이 마땅하다. 한국의 원천은 우리가 더 잘 알아 창조적 계승의 폭을 넓혀 널리 기여할 수 있고, 대단치 않다고 여겨 방치하면 인류 문명의 유산을 축소하는 잘못을 저지른다. 유산에는 우열이 없고, 활용에 우열이 있다. 유산의 우열을 입증하려는 헛된 노력을 하지 말고, 활용을 더 잘해 인류를 널리 행복하게 하는 데 적극 기여하는 것이 민족주의 시대인 근대를 넘어서서 보편주의 시

2006) 전권에서 고금학문 합동작전이 학문 발전을 위해 쉽고 효과적인 방법임을 다각도로 밝혀 논했다.

대의 학문으로 나아가는 길이다.

고금학문 합동작전을 위한 한국의 원천 목록을 만드는 것은 원칙적으로 부당하다. 목록에 있는 분들만 숭앙의 대상으로 삼고, 빠진 분들은 무용하다고 오해하도록 하는 이중의 차질을 빚어낼 수 있다. 그러나 아무 말도 하지 않으면 실감이 없으므로, 등급이 없는 시대순 예시임을 분명하게 하고 명단을 작성해보자. 元曉, 義天, 知訥, 鄭道傳, 徐敬德, 李滉, 李珥, 任聖周, 洪大容, 朴趾源, 丁若鏞, 崔漢綺 등에서 만나는 상대를 각자 자기 좋은 대로 찾을 수 있다. 이 가운데 누구를 으뜸으로 삼아 우상숭배를 하는 것은 극력 배격해야 한다. 유산의 우열을 가리려고 하지 말고, 활용을 잘 해 새로운 학문 창조의 성과를 보여주어야 한다.

위에서 든 학자 가운데 원효·이황·정약용에 관한 논의가 이번 학술회의에서 이루어진다. 이 세 분이 얼마나 훌륭한가 하는 데 관심을 가지지 말고, 고금학문 합동작전을 잘 하는 것이 긴요한 과제이다. 이것은 기조 발표의 소관이 아니다. 이 세 분에 관한 논의를 나도 전개하면 공연한 간섭일 수 있다. 만나야 할 분이 많다는 것을 알리고, 훌륭한 분을 만나려고 하지 말고 잘 만나려고 해야 좋은 성과를 얻을 수 있다는 것을 입증하는 서론을 전개해 기조 발표의 임무를 감당하고자 한다.

첫째 만남

먼저 정도전을 만나기로 한다.29) 정도전은 "吾儒의 學은 心·身·人·物을 一以通貫한다"고 하고, "源에서 流까지, 所以와 性을 각기 盡하고 不通함이 없다"고 했다.30) "吾儒의 學"은 "선비인 우리가 하는 학문"이다. "心·身·人·物"은 "마음가짐·신체 활동·인간관계·물질 사물"이라고 풀이할 수 있다. "一以通貫한다"는 것은 "공통된 원리에 입각해 통괄해 이해한다"는 말이다. "源에서 流까지"는 "단일한 근원에서 후대의 다양한 변화까지"라고 할 수 있다. "所以와 性"은 "존재의 이유와 본질"을 말한다고 이해된다. "각기 盡하고 不通함이 없다"는 "각기 다 밝혀내 통하지 않는 것이 없다"는 말이다.

풀이한 말을 연결해 우리말 문장을 만들어보자. "선비인 우리가 하는 학문은 마음가짐·신체 활동·인간관계·물질 사물을 공통된 원리에 따라 통괄해 이해하고, 단일한 근원에서 후대의 다양한 변화까지, 존재의 이유와 본질까지 각기 다 밝혀내 통하지 않

---

29) 〈정도전〉, 《한국문학사상사시론》(서울: 지식산업사, 1998)에서 전개한 논의를 이용하고 보완한다. 《한국문학통사》 2 (서울: 지식산업사, 1998), 176-179면에서는 정도전이 말한 심·신·인·물을 이어받아 문학 갈래를 이루는 자아와 세계의 관계를 밝히는 이론을 만들었다.

30) 원문을 들면 "吾儒之學 自內心身 外而至於事物 自源徂流 一以通貫", "吾儒之學 所以自心而身而人而物 各盡其性 無不通也"라고 했다. (〈佛氏心性之辨〉, 〈佛氏昧於道器之辨〉《三峰集》 9)

는 것이 없다." 이것이 정도전 학문론의 핵심을 이룬다. '선비'는 학문을 바람직하게 하는 사람이다. "마음가짐·신체 활동·인간관계·물질 사물"이라는 말로 오늘날 말하는 인문·사회·자연학문의 연구 대상을 모두 포괄하고, "공통된 원리에 따라 통괄해 이해"하는 총론과 함께 "근원에서 후대의 다양한 변화까지, 존재의 이유와 본질까지 각기 다 밝혀내"는 각론을 갖춘다고 했다. 통합학문의 원리를 명확하게 제시해 더 보탤 것이 없다.

"공통된 원리에 입각해 통괄해 이해한다"고 한 "공통된 원리"가 무엇인가 하는 것이 문제였다. 모든 것을 포괄하는 개념을 理이라고도 하고 氣라고도 하면서 이 둘의 관계에 관한 논란이 이어졌다. 理는 이치, 氣는 기운이라고 하면 오늘날 쉽게 이해할 수 있는 말이 된다. 이치를 내세우는 쪽에서는 마음가짐·신체 활동·인간관계·물질 사물 가운데 앞의 것일수록 더욱 소중하다고 하면서, 성현의 가르침을 받들어 마음가짐을 바르게 하는 데 힘쓰고 새로운 탐구에는 열의를 가지지 않는 편향성을 보였다.

이에 대해 반론을 제기하는 쪽에서는 모든 것을 포괄하는 공통된 원리는 기운이라고 하고, 기운에 대한 새로운 탐구로 이치를 다시 정립하는 데 계속 힘써야 한다고 했다. 이렇게 해서 理學과 氣學, 理철학과 氣철학, 理氣이원론과 氣일원론 등으로 일컬어지는 두 노선이 갈라졌다. 이 가운데 이학과 기학이라는 용어를 사용하기로 한다.

이학과 기학의 차이가 人物性同異 논쟁에서 심각하게 나타났다.31) 人·物이란 사람과 다른 생물을 뜻한다. 性이란 본성이다. 사람과 다른 생물의 본성이 같은가 다른가 하는 것은 공연한 논란으로 보이지만, 사고의 근본을 판가름한다. 이학 쪽에서는 人物性因理同論이라고 할 것을 주장했다. 인물성인리동론은 "사람과 다른 생물의 본성이 이치로 말미암아 같다"는 주장이다. 이치는 하나이므로 사람과 다른 동물의 본성이 같다고 했다.

이학에 동의하면서 기학의 의의도 중요시해야 한다는 수정 노선에서는 人物性因氣異論을 주장해 이에 맞섰다. 인물성인기이론은 "사람과 다른 생물의 본성이 기운으로 말미암아 다르다"는 주장이다. 사람과 다른 동물의 본성이 같다는 주장은 이치는 하나라고 하는 공허하고 추상적인 원칙론을 내세워 실상이 다른 것을 이해하지 못하게 하는 잘못이 있다고 비판하고, 사람과 다른 생물은 상이한 기운을 타고났으므로 본성이 다르다고 해야 한다고 했다.

다른 생물도 사람과 같은 이치를 구현해 도의를 실현하면서 산다고 하면 전연 부당하므로 반론의 타당성을 인정해야 할 것 같다. 이치는 所以然之理이기도 하고 所當然之理이기도 하다. 소이연지리는 존재하는 까닭을 말하는 이치이며, 가치 평가와는 무관하다. 소당연지리는 실현해야 할 당위로 설정되는 이치이며, 가치를 추구하는 도의를 말한다. 사람과 다른 동물은 이치가 하나라

---

31)《한국의 문학사와 철학사》(서울: 지식산업사, 1996), 203~410면에서 이에 대해 자세하게 검토했다.

고 한 것은 존재라는 까닭을 말하는 이치이다. 실현해야 할 당위로 설정되는 이치와 구별되지 않아 혼선이 빚어지고 오해가 생길 수 있다. 두 가지 이치를 구별하면 이치는 하나라고 하는 원칙이 무너진다.

이것이 이학의 근본적인 한계이다. 사람은 다른 생물과 상이한 기운을 타고났으므로 본성이 다르다고 하는 반론은 혼선이나 오해를 청산하고 타당한 결론에 이른 것 같지만, 치명적인 결함이 있다. 사례 연구를 풍부하고 자세하게 하는 데 그치고 공통된 원리에 입각한 통괄적인 이해에는 이르지 못한다.

둘째 만남

양쪽의 주장이 다 부당하다면 어떻게 해야 하는가? 기학에서 양쪽의 잘못을 한꺼번에 시정했다. 인물성동이 논쟁에 직접 참가하지 않고 있으면서 人物性因氣同論이라고 일컬을 수 있는 해결책을 이룩했다. 인물성인기동론은 "사람과 다른 생물의 본성이 기운으로 말미암아 같다"는 주장이다. 서경덕의 뒤를 이어 기학을 다각도로 발전시킨 임성주·홍대용·박지원이 그 작업을 수행했다. 만사를 통괄하는 공통의 것이 이치가 아닌 기운임을 분명하고, 하나인 기운이 여럿으로 나뉘는 운동과 변화로 개별적인 것들의 존재와 생멸이 이루어진다고 했다.

임성주가 제시한 총론을 보자. "우주 사이에서 바로 위로 바로

아래로, 안도 없고 밖도 없고, 처음도 없고 끝도 없이 가득 차 넘치면서 허다한 조화를 빚어내고 허다한 人·物을 만들어내는 것이 다만 하나의 기운일 따름이다"고 했다.[32) 사람과 동물을 포함한 모든 존재는 기로 이루어져 있는 점에서 기본적으로 동일하다고 했다. 홍대용이 한 말도 보자. "천지에 가득 찬 것이 다만 기운일 따름이고, 이치는 그 가운데 있다. 기의 근본을 논하면 고요하며 하나이고, 조화롭고 비어 있어서, 맑고 흐린 것이 없다고 할 만하다. 그것이 오르고 내리며, 날고 들리며, 서로 부딪고 서로 밀쳐, 찌꺼기가 생기기도 하고 불타는 지경에 이르기도 해서, 이에 가지런하지 않은 것이 있게 된다."[33)

理氣라고 한 이치의 근본에 관해 전개한 이러한 논의가 性情이라는 사람의 마음, 天地라는 하늘과 땅의 자연물, 華夷라는 국가 구분, 貴賤이라는 사회적 위계, 詩歌라는 한시와 우리말 노래에 널리 적용되어 하나이면서 여럿인 학문을 이루었다. 理氣·性情·天地·華夷·貴賤·詩歌에서 앞뒤 것들은 절대적으로 구분되고 가치의 등급에서 차이가 있다고 하는 이학의 이원론을 부정하고, 앞뒤 것은 상대적으로 구분되고 기능의 수행에서 차이가 있다고 하는 기학의 일원론을 일관되게 펴서 모든 학문이 하나이게 했

---

32) 원문을 들면 "宇宙之間 直上直下 無內無外 無始無終 充塞彌漫 做出許多造化 生得許多人物者 只是一箇氣耳"라고 했다. (〈鹿廬雜識〉,《鹿門集》7)

33) 원문을 들면 "充塞于天地者 只是氣而已 而理在其中 論氣之本 則澹一沖虛 無有淸濁之可言 及其升絳飛揚 相激相蕩 糟粕煨燼 乃有不齊"라고 했다. (〈答徐成之論心說〉,《湛軒書內集》1)

다. 인문·사회·자연학문을 두루 하면서, 오늘날의 개념을 들어 말하면 이기에서 존재론, 성정에서 윤리학, 천지에서 천문학, 화이에서 정치학, 귀천에서 사회학, 시가에서 문학 연구를 혁신한 각론을 다양하게 전개했다. 자연학문이 다른 여러 학문보다 배타적으로 우월하다고 하는 잘못을 시정하고, 모든 학문이 대등한 관계에서 화합해야 한다는 목표를 이런 전례를 이어받아 이룩할 수 있다.

性情에서 개발한 윤리학을 보자. 사람 마음의 바탕인 性은 예의의 규범을 구현하고 있어 항상 선하지만 그 작용인 情은 외부의 악을 따를 수 있어 경계해야 한다는 이학의 지론을 부정했다. 사람이든 다른 생물이든 기운을 타고 태어나 삶을 누리는 것이 선이라고 했다. "비와 이슬이 내려 싹이 트는 것은 惻隱之心이고, 서리와 눈이 내려 가지와 잎이 들리고 떨어지는 것은 羞惡之心이다"라고 했다. 34) "五倫이나 五事는35) 사람의 예의이고, 무리를 지어 다니면서 서로 불러 먹이는 것은 짐승의 예의이고, 떨기로 나서 가지가 뻗는 것은 초목의 예의이다"라고 했다.36) "사람이 物을 보면 사람이 귀하고 물이 천하며, 물에서 사람을 보면 물이 귀

---

34) 원문을 들면 "雨露旣零 萌芽發生者 惻隱之心也 霜雪旣降 枝葉搖落 羞惡之心也"라고 했다. (〈心性問〉, 《湛軒書內集》 1)

35) "五事"는 "貌·言·視·聽·思"(《書經》) 또는 "孝·友·讀書·勤行·勤儉"(《小學》) 다섯 가지를 바르게 하는 행위이다.

36) 원문을 들면 "五倫五事 人之禮義也 群行呴哺 禽獸之禮義也 叢苞條暢 草木之禮義也"라고 했다. (〈鼈山問答〉, 《湛軒書內集補遺》 4)

하고 사람이 천하며, 하늘에서 보면 人物均이다"고 했다.37)

사람의 독선을 비판하고, 어떻게 하든지 삶을 누리는 것 자체가 선이라고 했다. 사람은 나른 생물을 비롯한 모든 자연물과 균등하다는 人物均의 원리를 제시했다. 위의 논의에서 (나)라고 제시한 목표, 사람이 자연보다 배타적으로 우월하다고 하는 잘못 시정을 위해 이 유산을 적극적으로 활용하는 것이 마땅하다.

사람이든 다른 생물이든 삶을 누리는 것이 선이면, 악은 무엇인가? 도의의 규범을 따르는지 가려 선뿐만 아니라 악을 판별하지는 않는다. 악은 삶을 유린하는 행위이다. 박지원의 〈虎叱〉에서 범이 사람을 나무라는 말을 들어보자. "범이 참으로 악하다면 人性도 악하며, 인성이 선하다면 虎性도 또한 선하다고 하겠으나, 사람들 사이에서 자행되는 형벌이 범에게는 없으니 범의 성이 또한 사람보다 어질지 않은가"라고 했다. 범은 동족을 해치지 않는데 사람은 사람 죽이기를 일삼고, 선비라는 자들이 휘두르는 붓이 살육의 무기가 되어 한번 움직이면 "온갖 귀신이 밤중에 곡을 한다. 서로 잡아먹는 가혹함에서 누가 너희보다 심하겠는가?"라고 했다.38) 짐승보다는 사람이, 사람 가운데 힘 있는 자가 더 악하다고 했다. 삶을 누리는 것이 선이고, 삶을 유린하면 악이라고

---

37) 원문을 들면 "以人視物 人貴而物賤 以物視人 物貴而人賤 自天而視之 人物均也"라고 했다. (같은 곳)

38) 원문을 들면 "虎誠惡也 人性亦惡也", "虎之性 不亦賢乎人乎", "百魂夜哭 其相食之酷 孰甚於汝乎"라고 했다. (《熱河日記》〈關內程史〉)

해서, 四端七情이나 人心道心을 내세우던 선악 판정의 근거를 획기적으로 혁신했다.[39]

華夷는 중국을 華라고 하고 다른 나라는 夷라고 차별한 말로 이해할 것이 아니다. 중세문명의 규범 실현 여부에 따라 華와 夷를 구분했다. 중국이 華일 때에 한국 또한 華여서 小華라고 하다가, 청나라의 등장으로 중국은 夷가 되었으니 華를 지킬 임무를 한국이 맡아야 한다고 하면서 東華로 자처했다. 홍대용은 이 정도의 수정안에 동의하지 않고, 화이의 구분 자체를 뒤집었다. 절대주의를 부정하고 상대주의를 택하고, 중세문명의 규범이 가치의 척도가 될 수 없으며 어느 나라든지 자기 방식대로 살아가는 것이 마땅하다는 민족주의로 나아갔다. "사람이 物을 보면 사람이 귀하고 물이 천하며, 물에서 사람을 보면 물이 귀하고 사람이 천하며, 하늘에서 보면 人物均이다"라고 한 지론을 국가 사이에도 적용해 國家均이라고 할 수 있는 원리를 정립했다.

"하늘이 내고 땅이 기르는 것이 혈기를 갖추면 모두 사람이다. 여럿 가운데 뛰어나 한쪽 모퉁이를 다스리면 모두 임금이다. 각기 자기네 사람과 친하고, 각기 자기네 임금을 섬기고, 각기 자기네 나라를 지키고, 각기 자기네 풍속을 보존하는 것은 華夷가 같다."[40] 이렇게 말했다. 《春秋》를 지어 華의 근본을 마련했다고

---

39) 〈선악 판정의 근거 논란〉, 《세계·지방화시대의 한국학 4: 고금학문 합동작전》에서 이에 관한 비교 고찰을 했다.

40) 원문을 들면 "天之所生 地之所養 凡有血氣 均是人也 出類拔萃 制治一方 均是

칭송되는 孔子가 九夷에 가서 살고 싶다고 한 말을 들어, "공자를 바다로 떠나가 九夷에서 살게 하면, 내외를 구분해 존중하고 물리치는 의리가 마땅히 域外春秋에 있을 것이니, 이는 공자가 성인이 된 까닭이다"고 했다.[41]

內外 구분이 상대적이어서 누구나 자기는 內이고 다른 쪽은 外라고 하는 것이 중요한 원리여서 內外論이라고 일컫기로 한다. 人物均에서 人은 자기를 內로 하고 物을 外로 하고, 物은 자기를 內로 하고 人을 外로 할 수 있다고 한 것이 국가 사이에도 적용되는 데 그치지 않고 모든 경우에 다 해당되는 일반 원리이다. 人物均은 하늘에서 보면 人과 物이 균등하다고 해서 한 말이다. 내외는 각기 주체일 수 있으므로 균등하다. 내외론을 內外均論이라고 할 수 있다. 위에서 (가)라고 한, 유럽문명이 다른 여러 문명보다 배타적으로 우월하다고 하는 잘못을 시정하고, 모든 문명권이 대등한 관계에서 화합해야 한다는 목표를 이런 전례를 이어받아 성취할 수 있다.

홍대용은 天地에 관한 견해를 바로잡아 地轉說을 주장하고, 貴賤의 통념을 뒤집어 신분을 가리지 말고 능력에 따라 인재를 등용해야 한다고 주장했다. 그러나 이러한 전환은 오늘날은 더 잘 이루어졌으므로 새삼스러운 의의가 없으나, 詩歌를 두고 한 말은

郡王也 各親其人 各尊其君 各守其國 各安其俗 華夷一也"라고 했다. (같은 곳)
41) 원문을 들면 "使孔子浮于海 居九夷... 則內外之分 尊攘之義 自當有域外春秋 此孔子之所以聖人也"라고 했다.(같은 곳)

거듭 재평가할 만하다. "巧拙을 버리고 선악을 잊으며, 자연에 의거하고 天機에서 나오는 것이 좋은 노래이다"고 하고, "입에서 나오는 대로 노래를 불러도 말이 마음에서 우러나고, 곡조가 잘 짜이지 못했다 하더라도 천진함이 나타난다. 그래서 나무꾼 노래나 농사 노래 또한 자연에서 나오므로, 사대부가 거듭 고치면서 다듬어 짓고는 말이 옛말이라면서 천기를 깎아 없앤 것보다 오히려 낫다"고 한 것은[42] 오늘날의 학자들이 지침으로 삼아야 한다.

셋째 만남

최한기를 만나면 학문론 정립에서 더욱 진전된 성과를 얻을 수 있다. 최한기는 "一鄕一國"을 위한 학문을 하지 말고 "天下萬歲共公"을 위한 학문을 해야 한다고 했다.[43] 앞의 것은 그 나름대로 유용한 가치를 한시적으로 지니는 데 그치지만, 뒤의 것은 허위를 버리고 진실을 취해 시대의 한계를 넘어선 '不易之論'을 마련한다고 했다. 앞의 것은 實學이라면, 뒤의 것은 氣學이고 최한기가 특별히 일컬은 運化學이다. 바람직한 학문에 관해 정도전은 간략하게 고찰하고, 홍대용은 다양한 논의를 폈는데, 최한기는 자

---

42) 원문을 들면 "舍(捨)巧拙忘善惡 依乎自然 發乎天機 歌之善也... 惟信口成腔 而言出衷 曲不容按排而天眞呈露 則樵歌農謳亦出於自然者 反復勝於士大夫之 點竄敲推 言則古昔 而足以斲喪其天璣也"라고 했다. (〈大東風謠序〉,《湛軒書 內集》3)

43) 《人政》13 〈學之所求不同〉.

세한 내용과 체계적인 저술을 갖춘 《氣測體義》, 《氣學》, 《人政》 등을 이룩했다. 이런 저술을 학문론의 교본으로 계속 활용할 수 있다.

氣에서 理를 도출하는 방법을 분명하게 하는 것을 선결 과제로 삼고 《기측체의》序에서 말했다. "氣는 진실한 理의 근본이고, 推測은 知를 넓히는 요체이다. 이 氣에 연유하지 않으면 탐구하는 것이 모두 허망하고 괴탄한 理일 것이다. 추측으로 말미암지 않으면 知라는 것들이 근거가 없고 증명하지 못할 말이다."44) 이런 말에 기존의 理는 허탄하고 기존의 知는 부당하다고 하는 강력한 비판이 함축되고, 잘못을 바로잡는 대안이 제시되었다. 氣에 근거를 두어야 진실한 理에 이르고, 推測의 방법을 사용해야 타당한 知를 얻는다고 했다. 두 명제 가운데 뒤의 것이 최한기가 힘써 개척한 새로운 경지이다.

"모든 학문에 폐단이 없을 수 없다. 허무학의 폐단은 표준이나 기준이 없는 곳으로 달려가는 데 있으므로, 그 폐단을 시정하기 어렵다. 성실학의 폐단은 자기 자신을 속박하는 경지를 점차 굳히는 데 있으므로, 그 폐단을 알아차리기 어렵다. 운화학의 폐단은 벗어나거나 넘어서는 데 있으므로, 그 폐단을 쉽사리 시정할 수 있다."45)

---

44) 원문을 들면 "氣爲實理之本 推測爲擴知之要 不緣於是氣 則所求皆虛妄愧誕之 理 不由於推測 則所知皆無據沒證之言"라고 했다.

45) 원문을 들면, "一切學問莫不有弊 虛無學之弊 馳騖無準的之地 其弊難救 誠實

이런 말에서 폐단이라고 한 것은 오류이다. 모든 학문에는 오류가 있으나, 학문의 종류에 따라 오류의 양상과 해결 방법이 다르다고 했다. 표준이나 기준이 없는 곳으로 달려가는 허무학은 오류를 바로잡기 어렵다고 했다. 아주 그릇된 학문이면 모두 이에 해당한다. 자기 자신을 속박하는 경지를 점차 굳히는 성실학의 폐단은 알아차리기 어렵다고 했다. 성리학을 성실학이라고 하면서 이렇게 비판했다. 성실이라는 덕목을 내세우니 정당한 학문을 한다고 인정할 수 있는 것은 아니고 오히려 그 때문에 독단이 생긴다고 했다.

운화학의 오류가 벗어나거나 넘어서는 데 있다고 한 것은 氣와의 관계를 두고 한 말이다. 운화학은 허무나 성실과는 다른 氣를 탐구의 대상으로 하므로, 벗어나거나 넘어서서 氣와 어긋날 수 있는 것을 쉽사리 알아차려 오류를 바로잡을 수 있다고 했다. 운화학의 방법에 관해 "만 가닥 변화가 모두 기가 쌓임이고, 서로 밀고 번갈라 돌아가는 것이 또한 기를 타고 하는 활동이다"라고 한 것을 출발점으로 삼아, "앞의 기를 미루어 뒤의 기를 증험하고, 이 기를 들어 저 기의 증거로 삼아 부합됨을 얻어 깨달음이 있으면 즐겁다. 고생하다가 깨달으면 즐거움이 크다"고 했다.[46]

學之弊 漸篤於自縛束之境 其弊難解 運化學之弊 在於違越 其弊易救"라고 했다. (《人政》 13 〈諸學之弊〉)

46) 원문을 들면, "萬端變化 皆氣之蘊蓄 相推迭旋 亦乘氣之活動... 推前氣 而驗後氣 將此氣而證彼氣 得其符合 自有覺 而悅樂 辛苦而覺者 悅樂深"라고 했다. (〈氣學序〉)

《기측체의》후반부의 《推測錄》에서 학문하는 방법을 구체화했다. 〈推測提綱〉·〈推氣測理〉·〈推情測性〉·〈推動測靜〉·〈推己測人〉·〈推物測事〉에 관한 논의를 차례대로 진행해, 지점 분명하게 알 수 있는 氣·情·動·己·物에서 얻은 확고한 증거를 가지고 모호하고 복잡해서 논란이 많은 理·性·靜·人·事를 판가름하는 것이 마땅하다고 했다. 〈추기측리〉에서는 존재론을 혁신한 성과를 인식론으로 발전시켰다. 〈추정측성〉에서는 인성론에 관해서 같은 작업을 했다. 〈추동측정〉에서는 운동 개념, 〈추기측인〉에서는 인간관계, 〈추물측사〉에서는 사물 존재에 관한 고찰을 했다. 모든 학문이 체계적인 관련을 가지고 이에 포괄된다.

《기학》에서는 학문의 갈래를 다양하게 구분하면서 연구 방법에 관한 논의를 심화했다. "天道에 있는 것은 氣化로 만물을 제어하고, 人道에 있는 것은 敎化로 만민을 이끈다"고 한 대목을 보자.[47] 오늘날의 용어를 사용하면, 기화로 만물을 제어하는 천도의 학문은 자연학문이고, 교화로 만민을 이끄는 인도의 학문은 사회학문이라고 할 수 있다. 둘은 서로 대조가 되는 영역에서 연구에서 응용으로 나아가는 작업을 함께 한다고 말한 것으로 이해된다. 나중에 든 학문의 본보기로 典禮學과 刑律學을 거론하고, 풀어주기도 하고 조이기도 하는 원리를 갖추었다고 했다. 어느

---

47) 원문을 들면, "在天道 則以氣化 制御萬物 在人道 則導率萬民", "歷數學 物類學 器用學 三者兼備 乃認氣 而驗之試之 又將氣 而變之通之 如非聰明知量具有者 何以能此"라고 했다. (《氣學》1)

학문이든지 유기적인 관련을 가지고 있으므로 연관시켜 이해해야 한다고 했다.

"歷數學·物類學·器用學 셋을 겸비하려면 氣를 알아 체험하고 시험하고, 氣를 이끌어 바꾸고 통하게 해야 하니, 총명하고 지식이 많은 조건을 다 갖춘 사람이 아니면 어찌 이 일을 능숙하게 할 수 있겠느냐?"라고[48] 한 대목을 하나 더 보자. 자연현상의 수리적 이해, 자연물의 분류, 용기에 관한 고찰을 담당하는 학문은 상이하지만, 기를 알고, 기의 작용에 참여하고, 기의 작용을 이끄는 공통된 원리를 알아 함께 하는 것이 바람직하다고 했다. 총명하고 지식이 많아야 어느 학문이든지 잘할 수 있다고 했다.

진로 설정

근대를 넘어서기 위해서는 근대가 부정한 중세를 다시 긍정하는 부정의 부정을 해야 한다고 했다. 중세로 돌아가자는 것은 아니다. 단일화나 교리화를 거부하고 자유로운 창조를 이룩하고자 하는 근대의 노력이 극단으로 치닫다가 차질을 빚어낸 잘못을 중세의 통찰을 이어받아 시정하는 것이 마땅하다. 중세와 근대 사이 근대로의 이행기 학문은 중세의 통찰을 갖추고 근대의 자유를 추구해, 근대를 넘어서서 다음 시대로 나아가는 방향을 찾기 위

---

48) 원문을 들면, "歷數學 物類學 器用學 三者兼備 乃認氣 而驗之試之 又將氣 而變之通之 如非聰明知量具有者 何以能此"라고 했다. (같은 곳)

해 우선적으로 활용해야 할 지침이다.

홍대용이나 최한기는 중세에서 근대로의 이행기 학문에 탁월한 유산을 남겼다. 근대를 이룩하면서 이어받지 못했다가, 재발견하고서도 진정한 가치는 몰라 빗나간 평가를 한다. 홍대용은 근대과학의 선구자라고 하고, 최한기는 一鄕一國의 현실 문제를 다룬 실학자여서 훌륭하다고 한다. 중세의 가치는 무시하고 근대가 우월하다는 편견에 입각해 평가하는 잘못을 반성하고, 근대를 넘어서서 다음 시대로 나아가는 문명 전환을 위해 소중한 가치를 알아보고 이어받아야 한다.

한국과 같은 나라는 외부의 충격과 영향으로 근대화를 무리하게 해서 차질이 생긴 특수성이 있다고 할 것은 아니다. 근대화를 선도한 곳에서도, 근대로의 이행기 학문의 소중한 유산이 근대로 이어지지 않은 것을 알고 문명 전환을 위해 재평가하려고 한다. 동아시아 氣學과 동시대에 상응하는 구실을 한 계몽사상가 또는 백과전서파의 통합학문을 망각한 잘못을 심각하게 반성하고 되살려야 근대를 넘어서서 다음 시대로 나아가는 길이 열린다고 한다.[49]

계몽사상과 기학은 통합학문을 한 것 외에 몇 가지 공통점이 더 있었다. "나는 올바른가?"라고 하는 의문을 "나는 행복한가?"로 바꾸어 놓아, 삶을 누리는 것이 선이라고 한 주장과 상응하는

---

49) Claude Blanckaert et al., *L'histoire des sciences de l'homme* (Paris: L'Harmattan, 1999)의 여러 논설 특히 Fernando Vidal, *"La 'Science de l'homme': désirs d'unité et juxtapositions encyclopédiques"*에서 이런 주장을 열심히 폈다.

전환을 겪었다. 볼테르(Voltaire)는 유럽이 우월하다는 편견을 비판하고 여러 문명권이 대등하다고 했으며, 기독교를 앞세우고 세계 도처에서 살인과 약탈을 일삼는 잘못을 지적하고 규탄했다.[50] 논설이 아닌 우언을 사용해서 이런 지론을 편 것이 홍대용이나 박지원과 상통한다. 그쪽은 사람뿐만 아니라 모든 생물이 삶을 누리는 것이 선이라는 생각에는 이르지 못했으나, 유럽문명권의 횡포를 인식하고 자기비판을 한 데서는 앞섰다.

근대로의 이행기 학문론의 소중한 유산을 버리고 근대학문을 빗나가게 한 잘못은 일본에서도 심각하게 나타난다. 일본의 기학자 安藤昌益는 홍대용이나 박지원과 상통하는 주장을 폈다.[51] 互性이라는 개념으로 대립을 넘어서는 관계를 해명하고, 아이누인이 일본인보다 더욱 진실하다고 했다. 그런데 근대화를 하면서 安藤昌益는 버리고, 일본인은 신성한 민족인이라고 주장한 本居宣長의 국수주의를 따랐다. 국수주의를 숭상하면서 脫亞入歐하겠다는 상반된 노선을 함께 택했다. 자연학문을 위해서 많은 투자와 노력을 하면서 인문학문의 비정상은 바로잡으려고 하지 않는다. 추종과 모방을 일삼아 "일본 학문은 노예의 학문이다"라고 한 자기비판이[52] 효력을 발휘하지 못하고 있다.

---

50) 《철학사와 문학사 둘인가 하나인가》(서울: 지식산업사, 2000), 418-439면.

51) 〈朴趾源과 安藤昌益 비교연구 서설〉,《한국의 문학사와 철학사》(서울: 지식산업사, 2000); 〈安藤昌益〉,《세계·지방화시대의 한국학 9 학자의 생애》(대구: 계명대학교출판부, 2009)에서 전개한 논의를 간추린다.

중국에는 王夫之가 있어 기학으로 나아가는 길을 먼저 열었다.[53] 그러나 "중국은 夷狄을 죽여도 不仁이 아니고, 속여도 不信이 아니며, 땅과 재물을 빼앗아도 不義가 되지 않는다"고 말해[54] 오랜 편견에서 벗어나지 못했다. 버려두었던 왕부지를 근래에는 크게 평가하지만, 중국에서는 "熱烈的 愛國主義者"라고도 하고, "我國 素朴唯物主義 發展的 高峰"이라고도 하는 빗나간 주장을 펴고, 유럽문명권에서는 왕부지를 연구해 중국 문화의 특성을 확인하려고 한다. 위에서 든 두 말에서 "國"이라는 말을 되풀이해 사용했다. 중국이 무시되고 있다는 망상에서 벗어나려고 대국주의 학문을 하려고 한다. 동아시아 공유재산이라고 해야 할 고전이 모두 중국의 國學이라고 하고, 근대 학문 개척자들을 國學大師라고 한다.[55] 그래서 國大學小에 머무르고 있다.[56]

이제 시대가 변하고 있다. 근대학문의 지나친 분화와 소통 단

---

52) 세계사상사에 관한 방대한 업적을 이룩한 中村 元이 한 말이다. 그런데 中村 元 자기 자신도 지식의 열거를 학문으로 삼았다. 《인문학문의 사명》(서울: 서울대학교출판부, 1997), 505-506면에서 이에 관해 고찰했다.

53) 〈王夫之〉, 《세계·지방화시대의 한국학 9 학자의 생애》에서 다각적인 고찰을 했다.

54) 원문을 들면, "中國之于夷狄 殄之 不爲不仁 欺之 不爲不信 斥其土 奪其資 不爲不義"라고 했다. (《春秋家說》 권3 昭公 3)

55) 《세계·지방화시대의 한국학 1 길을 찾으면서》(대구: 계명대학교출판부, 2004), 262-266면에서 이에 관해 고찰했다.

56) 《동아시아문명론》, 25-26면에서 중국은 "國大學小"이고 한국은 "國小學大"라고 했다.

절을 시정하고 학문 통합을 이룩해야 한다는 주장이 유럽문명권에서 일어나고 있으니 수입해 따르자고 하는 것은 적절하지 못하다.[57] 통합학문을 다시 이룩하기 위해 각자 자기 전통을 이어받으면서 비교 고찰을 곁들이는 것이 마땅하다. 정도전·홍대용·최한기로 이어진 한국의 전통 학문론은 통합학문 재건을 위한 유용한 지침이다. 사람과 자연, 문명이나 국가 사이의 불평등을 넘어서서 조화로운 관계를 회복하는 데 필요한 논거를 제공한다. 그 전례를 이어받아 문명 전환기의 한국학을 널리 모범이 되게 이룩하면 한국학은 세계학이 되어 인류를 위해 널리 공헌할 수 있을 것이다.

붙임[58]

학문의 유산을 남긴 선인들 가운데 누구를 특히 힘써 연구해야

---

57) 《세계·지방화시대의 한국학 2 경계 넘어서기》(대구: 계명대학교출판부, 2004), 31-54면에서 이에 관해 고찰했다. 'multidisciplinary'(다학문), 'interdisciplinary'(학제간), 'transdisciplinary'(초분야), 'human science'(인간학) 등으로 일컫는 학문을 하자고 논의를 하고 있다. 'consilience'라는 것도 그 가운데 하나인데, '통섭'이라는 생소한 말로 옮겨 수입해 학문 통합의 지표로 삼자고 주장하는 것은 부당하다. 통합학문은 다른 말을 사용하지 않고 통합학문이라고만 하고, 통합의 정도나 방법은 용어를 따로 만들지 말고 논의하면 된다.

58) 이 대목은 원고에 없었다. 구두 발표를 할 때 보충해서 말한 견해를 다듬어 적는다.

하는가? 이 질문에 대한 첫째 대답은 "학문이 훌륭한 분"이라는 것이다. 그런 분의 좋은 본보기가 이황이다. 이황은 학문이 훌륭하다고 높이 평가되며 수많은 학술회의에서 거듭 거론한다. 연구 조직이 대단해 위세를 자랑하고, 산출한 논저가 헤아리기 어려울 만큼 많다.

이황은 理와 氣는 둘이라고 힘써 주장했다. 이것이 왜 훌륭한가? 성현의 가르침을 분명하게 했기 때문인가? 朱熹가 창도한 학문 朱子學을 발전시켰기 때문인가? 세상을 바로잡을 지침을 제시했기 때문인가? 그 어느 것을 들어도 오늘날 이어받아야 할 지속적인 가치가 있다고 하기 어렵다. 이황은 중세학문을 했으며, 중세의 척도에서 훌륭하다. 그런데도 이황이 훌륭하다고 줄기차게 주장하고 외국에도 널리 알리려고 한다.

이황을 평가하려면 주희를 먼저 평가해야 한다. 주희는 자기 나라 중국에서 돌보지 않고, 다른 어디에서도 대단하게 여기지 않는다.[59] 주자학은 극복이나 타도의 대상이 된지 오래되었다. 주희 폄하는 방치하면서 이황만 대단하다고 하는 것은 객관성이나 타당성을 저버린 처사이다. 주희와 이황만이 아닌 여러 나라 성리학자들을 함께 고찰하고 비교해 연구하는 작업을 해야 한다.

---

59) 여러 해에 걸쳐 北京의 서점을 헤매고 다녀도 주희에 관한 책을 발견하지 못해 놀라고 당황하고 지나치다고 생각했다. 주희는 비판의 대상도 되지 못하고 망각되었다. 그런데도 중국학자들이 이황 연구에는 참가하고 이황을 칭송한다. 이러한 사실을 이황이 주희보다 더 훌륭하다고 하는 증거로 삼을 수는 없다.

그래도 오늘날 이어받을 만한 지속적 가치를 얼마나 찾을 수 있을지는 의문이다.

위에서 제시한 질문에 대한 둘째 대답은 "근대 지향적 학문을 한 분"을 특히 힘써 연구해야 한다는 것이다. 이런 기준에서 많이 거론되는 분이 정약용이다. 학문의 유산을 되돌아본다고 하는 거창한 학술회의에서 이황을 내세우고 이어서 정약용을 찾는 것이 유행처럼 되었다. 정약용은 받드는 학회, 학술지, 논저 등에서 이황에 버금가는 성황을 이루고 있다. 家學 경쟁에서도 그리 뒤지지 않는다.

정약용은 저술이 방대해 평가가 다양하다. 성리학을 불신하고 현실 문제와 직결되는 학문을 하려고 했다. 민생에 대해 깊은 관심을 가지고 어려움을 해결하려고 했다. 실용적인 지식을 중요시하고 기술 개발에 힘썼다. 이렇게 말하면 미흡하다는 반론이 바로 제기될 수 있다. 그렇지만 근대 지향적 성향이 있는 학문을 했다고 하면 모두 포괄될 수 있다.

근대 지향적 학문이 왜 훌륭한가? 근대를 스스로 창조하는 데 기여하므로 평가해야 한다고 하겠지만, 근대화가 이미 성취되었으므로 효력이 지속되지는 않는다. 근대화가 이식만이 아니고 자체 노력의 성과이기도 하다는 것을 입증하는 의의가 있다고 하면 한 걸음 더 나아가지만, 광범위한 비교 고찰까지 갖춘 다각적인 연구가 있어야 납득할 만한 성과를 얻는다. 근대화를 완성하기 위해 남은 과제를 발견하고 수행하는 데 활용하려고 하면 가치가 더 커질 것이다.

그러나 근대는 역사의 도달점도 종말도 아니다. 모든 것이 다 그렇듯이, 근대라는 시대 또한 차면 기울고, 완성하려고 하면 다음 단계로 넘어간다. 근대를 극복하고 다음 시대로 나아가는 것이 이제 세계사 진행의 방향이 되었다. 그러므로 위에서 제기한 질문으로 되돌아가 "근대를 극복하고 다음 시대로 나아가는 데 필요한 발상을 지닌 분"을 특히 힘써 연구해야 한다는 셋째 대답을 마련해야 한다.

이황은 "학문이 훌륭한 분"이어서 중국의 성현들 위에 있다고 할 수 없다. 중세는 중국에서 마련한 규범을 가져와 다졌다. 정약용이 "근대 지향적 학문을 한 분"이어서 유럽문명권 여러 나라의 경쟁자들보다 앞섰다고 할 수 없다. 근대는 유럽문명권의 전례를 활용해 만들고 다듬은 시대이다. 근대를 극복하고 다음 시대로 나아가는 역사의 전환에서는 유럽이 뒤떨어지고 우리가 앞설 수 있다. 후진이 선진이 되는 것이 당연한 이치이다. "학문이 훌륭한 분"이나 "근대 지향적 학문을 한 분"을 힘써 연구하자는 것이 시대에 뒤떨어지고, 열등의식에서 벗어나고자 하는 방어적 민족주의에 얽매인 발상이다. "근대를 극복하고 다음 시대로 나아가는 데 필요한 발상을 지닌 분"을 찾아내 고금학문 합동작전의 상대로 삼아 유산을 계승하고 재창조하면 세계 학문의 새로운 발전을 선도할 수 있다.

이황은 "학문이 훌륭한 분"이라고만 하고, 정약용은 "근대 지향적 학문을 한 분"이라고만 할 것은 아니다. 이황이나 정약용도 "근대를 극복하고 다음 시대로 나아가는 데 필요한 발상을 지닌 분"일 수 있으므로 관점을 바꾸어 다시 연구할 필요가 있다. 새로운 연구 대상은 제한되어 있지 않다. 그러나 "근대를 극복하고 다음 시대로 나아가는 데 필요한 발상을 지닌 분"임이 쉽게 확인되고, 유용한 유산을 풍부하게 남겨 고금학문의 합동작전을 하면 소득이 크다고 쉽게 말할 수 있는 분을 찾고자 하려면 홍대용이나 최한기부터 만나는 것이 유익하다.

지식인과 선비, 두 학문을 하나로[60]

문제 제기

아는 것이 직분인 사람을 학자라고 한다. 학자를 유럽에서는 지식인, 동아시아에서는 선비라고 해왔다. 지식인과 선비는 학자라는 공통점과 함께 두 문명의 전통과 관련된 특성도 지녔다. 지식인은 능력을, 선비는 정신을 각기 소중하게 여겨 단일 기준에서 우열을 논할 수 없다.

지식인과 선비는 대등한 의의를 가지고 병립한다는 비교론을 전개하면 할 일을 하는 것은 아니다. 지식인의 능력 확대로 새로

---

60) 이 글은 2014년 5월 13일 한국국학진흥원과 실학박물관 공동 학술회의 "선비, 그 시대성찰과 역할"에서 기조 발표를 한 원고이다. 원래의 제목은 〈지식인과 선비〉였다.

운 시대인 근대를 유럽에서 먼저 만들어 균형이 깨졌다. 근대 유럽의 힘이 세계를 휩쓸면서 지식인 학자가 동아시아에서도 출현하고 득세해 선비의 시대를 청산하려고 한다. 이에 어떻게 대처해야 하는가? 이것이 문제이다.

선비에 대한 지식인의 승리가 불가피하다고 시인하고 말 수는 없다. 선비가 우월하다고 극력 주장해 역전을 시도하지도 말아야 한다. 양쪽의 장점을 합쳐, 지식인이면서 선비이고 선비이면서 지식인인 새로운 학자가 문명을 통합하는 것이 바람직한 방향이다. 이 작업은 유럽에서 가능하지 않아 동아시아에서 선도해야 한다. 유럽에서는 선비에 대해 알지 못하고,[61] 동아시아에는 선비와 지식인이 공존하고 있어 어느 하나를 버릴 수 없고 통합이 불가피하다.

통합을 이룩하려면 大義를 위해 小利를 버리는 선비 정신이 필

---

61) 인터넷에서 많이 이용하는 《위키백과사전》(Wikipedia, the free encyclopedia)의 "Intellectual"(지식인) 항목에서, 유럽의 역대 지식인에 대해 길게 설명한 다음 "Eastern intellectuals"에서 아시아의 경우를 고찰하면서 "In China, literati denotes the scholar–bureaucrats, government officials integral to the ruling class, of more than two thousand years ago"라고 하고, "In Joseon Korea (1392 – 1910), literati designated the Confucian chungin ('middle people'), a petite bourgeoisie of scholar–bureaucrats (technicians, professionals, scholars) who ensured the Joseon Dynasty's rule of Korea"라고 했다. 지식인이 중국에서는 과거 급제자이고, 한국에서는 기술직 중인이었다고 했다. 선비에 대한 인식이 전혀 없다. "학자"(scholar)라는 항목은 없고 "학문 방법"(scholary method)이라는 것만 있다.

요하지만, 지식인의 장기인 전문적인 능력까지 갖추어야 무엇을 어떻게 해야 하는지 제대로 알 수 있다. 지식인과 선비 양쪽에 대해 다 알고, 이미 알고 있는 바를 넘어서야 뜻하는 바를 이룰 수 있다. 말만 하고 있지 말고 실행을 가능하게 하는 작업에 착수해야 한다. 여기서 최초의 시도를 하면서 관심과 참여를 기대한다.

비교 대상

孔子는 "君子不器"(군자는 器가 아니다)(《論語》 爲政)라고 했다. 베이컨(Bacon)은 "Scientia potestas est"(지식이 힘이다)(Meditatioes Sacrae)라고 했다. 이 두 말에 선비와 지식인의 특징이 요약되어 있다. 군자는 바람직한 경지에 이른 선비이다. '器'는 특정 형태의 유용한 물질이다. 선비는 특정 형태에서 벗어나고 물질에 구애되지 않으며 유용성을 넘어서는 정신을 지닌다고 했다. 지식인은 여러 '器'에 대해 정통하게 알고 더 잘 만들기까지 해서 유용성을 확대하는 능력을 자랑해왔다. 그런 능력으로 역사를 바꾸고 세계를 정복했다.

선비는 유럽의 언어로 번역한다면 '학자'라고 할 수밖에 없어서 고유한 의미는 전달되지 않는다.[62] 유럽에서는 선비라는 말조차

---

62) '선비'를 영어에서는 'scholar', 불어에서는 'savant', 독어에서는 'Gelehrte'라고 해야 한다. 모두 '학자'라는 말이다. 지식인 학자와 선비인 학자의 차이를 유럽 각국의 언어로는 설명할 수 없다.

이해하지 못해 학자는 지식인이라는 것이 재고의 여지가 없는 불변의 사실이다. 그런데 유럽에서 가져온[63] '지식인'이라고 하는 번역어는 동아시아에서 널리 통용되고 있다. 용어와 함께 개념이 수입되어, 유럽 지식인 학자처럼 사실 존중의 객관적이고 논리적인 학문을 하는 데 힘써야 한다고 하고, 선비는 과거의 유산이라고 규정하고 박물관으로 보내려고 한다. 서세동점으로 생겨난 변화가 세계화 시대에 동참해야 한다는 구실을 얻어 더욱 촉진된다.

지식인을 '지성인'이라고 하는 것은 동일한 말의 다른 번역어이다. 지식인은 개별적인 인식을, 지성인은 포괄적 인식을 중요시하는 듯이 동아시아에서는 구분하는데, 본바닥의 지식인은 그 양면성을 지니고 있다. 구분이 필요하면 하나는 기능적 지식인, 또 하나는 비판적 지식인이라고 하는 것이 적절하다. 기능은 전수되고, 비판은 창조를 낳는다. 특정 기능을 수행하는 지식인은 유럽뿐만 아니라 다른 어느 곳에도 있다. 비판적이고 창조적인 지식인이 유럽에서 성장해 세계사를 바꾸어놓았다.

선비 또한 단일하지 않다. "讀書曰士"(독서를 하면 선비라고 한다)(朴趾源, 〈兩班傳〉)라고 했는데, 독서를 어떻게 하는가에 따라 이런 선비가 달라진다. 같은 책만 거듭 읽으면서 마음을 추스르는 데나 골몰한 선비는 학문을 한다고 하기 어려운 명분상 학자일 따름이다. 여러 책을 비교해 읽으면서 실제 사물과 관련시켜 새로운

---

63) 영어로는 'intellectual', 불어로는 'intelletuel', 독어로는 'Intellektuelle'이어서 같은 말이다.

의문을 제기하고 해결하는 데 힘쓰는 선비는 비판적이고 창조적인 학자이다. 비판적이고 창조적이란 공통점이 있으면서 지식인 학자는 탐구에 힘쓰고, 선비 학자는 실행을 소중하게 여긴다.

지식인과 선비의 비교는 여러 차원에서 할 수 있다. 기능적 지식인과 명분상 학자인 선비를 비교해 둘 다 나무라는 것은 무의미하다. 비판적이고 창조적인 지식인과 명분상 학자인 선비를 비교하면 동아시아보다 유럽이 우월하다고 명확하게 판정할 수 있다. 그러나 그것은 기능적 지식인과 비판적이고 창조적인 선비를 비교해 동아시아의 전통을 수호하자고 하는 것과 같은 수준의 편파성을 지녀 설득력이 없다. 비판적이고 창조적이라는 공통점을 지닌 지식인 학자와 선비 학자를 비교해 평가하는 것이 핵심 과제이다.

출현 과정

제정일치 시대에는 제왕이 학자였다가, 제왕과 神官이 분리되어 학자의 역사가 시작되었다. 신관이 특별한 학식을 독점하고 자연과 인간의 관계를 조절해 사회 동요를 막고자 한 시기가 고대였다. 고대 말기에는 신관이 아니면서 아는 것이 있거나 깨달았다고 하는 비정통 학자의 무리가 여러 곳에서 생겨나 제자백가, 사문, 예언자, 소피스트 등으로 일컬어졌으며, 모두 당대에는 평가를 얻지 못하고 폄하의 대상이 되었다.

공자는 제자백가, 석가는 사문, 예수는 예언자의 한 사람에 지

나지 않았으나, 특출하다고 인정하고 절대적인 진리를 설파한 성
인으로 숭앙하면서 다음 시대인 중세가 시작되었다. 이들 성인을
받드는 세계종교가 중세문명권을 형성했다. 성인의 행적을 기록
한 경전은 완결되고 불변의 권위를 자랑하지만, 성인을 따르면서
계승자 노릇을 하는 성자(saint)는 계속 나와 성자전(hagiography)
이 나날이 늘어났다. 성자가 학자 노릇을 하는 동안 기능적 지식
인은 학자로 인정되지 못하고 낮게 평가되었다.

　여러 세계종교의 문명권에서 거의 같은 성격의 사상 대정비 사
업이 12세기 전후에 일제히 일어나 중세 후기에 들어섰다. 힌두
교-산스크리트문명권에서는 라마누자(Ramanuja), 이슬람-아랍어
문명권에서는 가잘리(al-Ghazali), 유교-문명권에서는 朱熹, 기독
교-라틴어문명권에서는 아퀴나스(Thomas Aquinas)가 그 주역 노
릇을 하면서, 현실의 다양한 사물을 단일 원리로 포괄하고, 대립
을 넘어서서 조화를 이룩하고, 논리 위의 통찰을 얻는 사고 체계
를 이룩했다.[64] 이 가운데 아퀴나스와 주희의 비교가 여기서는
특히 긴요하다.

　아퀴나스는 논리적 사고 능력이 뛰어난 저작을 방대한 규모로
이룩했다. 그래서 완벽한 경지에 이르렀다고 평가되지만, 장점이
또한 단점이다. 단일 원리·조화·통찰의 근거를 神에서 찾는 일관
된 체계를 마련하는 데 몰두해 현실 인식이 미흡했다. 그 때문에

---

64)《철학사와 문학사 둘인가 하나인가》(서울: 지식산업사, 2000)에서 이에 관해
　　길게 고찰한 성과를 간추린다.

개별적 사물에 대한 인식을 소중하게 여기는 지식인의 등장을 막지 못하고 오히려 촉진했다. 세속적인 가치관을 가지고 합리적 사고를 하는 새로운 유형의 학자 지식인이 13세기에 프랑스를 비롯한 유럽 각국에서 출현했다.[65]

주희는 經學을 저술 방법으로 삼은 탓에 여기저기서 한 말을 연결시켜 재구성하는 수고를 하도록 하지만, '格物'의 '在外工夫'와 '敬'의 '在內工夫'를 함께 해서 '豁然貫通'에 이르러야 한다고 한 것을 평가할 수 있다. (〈太極圖說解〉, 〈大學或問〉, 〈大學章句〉) 통찰을 일컫는 '豁然貫通'을 신과 관련을 가지지 않고 사람의 노력으로 이룩하려고 하고, 사물 인식의 외향적 탐구와 심성 수양의 내향적 각성을 겸비해야 한다고 한 것은 아퀴나스는 물론 라마누자나 가잘리도 할 수 없던 생각이다. 그래서 동아시아에서는 사물 인식의 외향적 탐구를 별도로 하는 지식인이 따로 출현할 필요가 없었다.

동아시아에서는 제자백가의 시대부터 학자를 '士'라고 일컬었다. '士'를 '선비'라고 하는 것은 한국에서만 쓰는 말이지만 '士'에 대한 인식을 명확하게 한다. 孔子가 "士志於道"라고 한 말을 "선비가 도에 뜻을 두고"라고 옮기는 것이 적절하다. 거기다 붙여 "而恥惡衣惡食者 未足與議也"라고 한 말은 "나쁜 옷이나 나쁜 밥을 부끄럽게 여기면, 상대해줄 자격이 모자란다"고 하면 순탄하게 이해된다. (《論語》里仁) 말은 쉬워도 실행이 어려운 이 교훈

---

65) Jacques Le Goff, *Les intellectuels au Moyen Âge* (Paris: Seuil, 1957)

을 동아시아 각국에서 줄곧 받들어왔다. 道를 추구하는 것이 무엇이며 어떻게 하는지 분명하게 하는 과제가 남아 있었는데, 朱子라고 칭송되는 주희가 맡아서 위에서 거론한 바와 같이 일단 해결했다.

　동아시아에서는 선비의 과업 수행에 종교적인 제약이 없었다. 유교가 바로 유학이어서 종교와 학문이 일치했다. 공자와 주자를 숭앙하는 선비 노릇을 누구나 한다고 하면서 지식 개발도 함께 해서 지식인이 따로 필요하지 않았다. 그런 가운데 노선 차이가 있고 충돌이 일어났다. 이치를 엄정하게 따지려고 적극적으로 나선 혁신론자는 주어진 현실에 안주하려고 하는 기득권자들의 반발을 사서 희생되었다.

　鄭道傳은 "吾儒之學 自內身心 外而至於事物 自源徂流 一以通貫", "所以自心而身而人而物 各盡其性 而無不通也"(우리 선비가 하는 학문이 안의 身心에서 밖의 事物에 이르기까지, 근원에서 말류까지 하나로 관통하는 것은, 心에서 身·人·物까지 각기 그 性을 다하고 통하지 않는 바가 없기 때문이다)(〈佛氏心性之辨〉, 〈佛氏昧於道器之辨〉)고 했다. 身心·事物이라고 하고, 다시 心·身·人·物이라고 구분해 지칭한 것들은 마음가짐·신체 활동·인간관계·물질 사물이다. 그 모든 것들을 근원에서 흐름까지의 변화, 그리고 각기 그 性이라고 한 개별적 특징을 일관된 원리에 따라 통달하게 인식해 막히지 않도록 해야 한다고 했다. '格物'의 '在外工夫'를 대상, 방법, 성과 등에서 철저하게 해명하고 발전시켰다.

정도전은 이런 학문을 하는 나라를 설계하다가 피살되고 폄하되었으나, 제시한 이론이 학문 창조의 원리 노릇을 하고 오늘날까지 이어져 재평가된다. 趙光祖는 '敬'의 '在內工夫'를 깊이 하는 데 힘써 국가 통치의 정신으로 삼아야 한다고 역설하다가 또한 피살되었다. "不顧其身 惟國是謀 當事敢爲不計禍患者 正士之用心也"(몸을 돌보지 않고 오직 나라를 바르게 할 생각만 하며, 일이 닥치면 피해를 감히 헤아리지 않는 것이 올바른 선비가 쓰는 마음이다)(〈參贊官時啓 2〉)라고 했다. 마땅한 도리를 지니고 있기만 하지 않고 실행하기 위해 투쟁하면서, 어떤 박해도 각오하고 죽음을 두려워하지 않는 선비의 본보기를 보여주어 두고두고 칭송되고 깊은 영향을 끼쳤다.

유럽에서도 지식인의 성장에 심각한 시련이 있었다. 기독교 교회가 절대적 권위를 가지고 사상을 통제하는 데 맞서서 새로운 지식을 개발하면 희생되므로, 정공법을 버리고 다른 몇 가지 작전을 강구해야 했다. 논리는 무시하고 상상을 함부로 펼치는 우언을 흥미롭게 지어내 숨은 진실을 알리는 유격전 전술을 라블레(Rabelais)에서 볼테르(Voltaire)까지 여러 사람이 각기 마련했다. 신학과 충돌하지 않으려고 통찰은 재론하지 않고 개별적 사실만 중요시하고 다방면에 걸쳐 개발하면서, 디드로(Diderot)가 주동해 백과전서를 만들었다. 관념을 버리고 사실을 있는 그대로 파악한다고 하면서 과학이 탄생했다.

볼테르는 가상 인물이 각국을 돌아다니다가 어느 곳에서 놀라운 경험을 했다고 했다.[66] "자기네 의견과 조금이라도 어긋나는 사람은 불로 태워 죽이는 신부들이 없다는 말입니까?"라고 외쳤다고 했다. 그 나라에는 법원도 감옥도 없고, 실험 기구가 아주 많은 과학의 전당이 있다고 했다.[67] 앞의 말은 유럽에서 자행되고 있는 기독교의 억압에 대한 비판이다. 뒤에서는 종교의 과오를 과학을 발전시켜 시정해야 한다는 주장을 나타냈다. 실험 기구를 사용해 진실을 밝히는 과학이 발전하면 헛된 관념이 모두 타파되어 누구나 자유롭고 평등한 삶을 누리는 시대가 시작될 수 있다고 낙관했다.

헛된 관념을 타파하는 과학의 발전을 기대하고 신뢰하는 학문의 방법을 그 뒤에 실증주의라는 이름으로 정립했다. 실증주의의 대변자 노릇을 한 르낭(Renan)은 학문의 역사가 세 단계로 나누어진다고 했다.[68] (1) 전체를 막연하게 아는 단계, (2) 부분을 구별하고 분석하는 단계, (3) 부분에서 한 작업을 모아 전체를 아는

---

66) 《캉디드》(*Candide*)가 우연히 입수한 독일어 원고를 번역했다고 소개했다. 朴趾源이 〈虎叱〉은 중국에 있는 글을 베껴 왔다고 한 것과 같은 작전을 볼테르도 사용해 허용되지 않는 발언을 했다.

67) Voltaire, *Romans, Contes et Mélanges tome 1* (Paris: Librairie Générale Française, 1972), 315-316면. 이 작품에 관한 고찰을 《철학사와 문학사 둘인가 하나인가》, 429-435면에서 했다.

68) 1848-49년에 쓰고, 박해를 염려해 1890년에야 출판한 *L'avenir de la science* (과학의 장래)에서 제시한 견해이다. 이에 대한 고찰을 〈르낭〉, 《세계지방화 시대의 한국학 9 학자의 생애》(대구: 계명대학교출판부, 2009)에서 했다.

통합의 단계이다. 과거의 학문이 형이상학을 내세우면서 (1)에 머무른 잘못을 시정하고, 실증주의를 사용해 (2)로 나아가는 것이 자기 시대에 힘써 이룩해야 할 과업이라고 했다. 그래서 얻은 성과가 충분하면 장차 (3)가 가능하게 된다고 했다. 실증주의에 입각한 과학의 발전을 낙관하고 가능성이 무한하다고 했다. 그러나 (3)에 이르는 희망은 이루어지지 않았다. 실증주의를 넘어서는 방법은 개발하지 못하고, 학문 통합은 아직도 장래의 목표이다.

실증주의는 학문의 분화, 각 학문의 독자적인 발전에서 가치를 입증하고자 했다. 그래서 자연과학이 독립되고, 사회학을 비롯해 여러 신생 학문이 생겨났다. 방법이나 시각에 대한 탐구가 열의를 가지고 진행되어 무슨 주의라는 것을 계속 내놓고 있다. 그 현란함이 유럽 학문의 커다란 자랑이어서 다른 곳에서는 열등감을 가지고 따르도록 한다.

과학의 주역으로 등장한 자연과학은 기독교 성서를 부인하고 신학의 권위를 무시한다는 이유로 단죄되어 어려움을 많이 겪었다. 갈릴레이(Galilei)가 수난을 당하고, 다윈(Darwin)도 곤경에 처한 것이 잘 알려져 있다. 그 뒤의 자연과학은 엄밀한 방법으로 무장하고 문외한은 이해하지 못하는 수리언어학을 사용해 부당한 간섭을 배제하고, 기술 개발을 통한 응용으로 가치를 입증해 학문을 주도하는 위치에 올라섰다.

변모 양상

동아시아에서는 공자와 주자의 가르침 계승을 어느 나라 선비든지 공통된 과업으로 삼았다. 기본이 되는 원리가 달라지지 않아, 오랫동안 유학은 단일한 이념이었다. 일본 선비 藤原惺窩는 "理之在也 如天之無不幬 似地之無不載 此邦亦然 朝鮮亦然 安南亦然 中國亦然"(理가 있다는 것은 하늘이 덮지 않은 것이 없고, 땅이 싣지 않은 것이 없음과 같으니, 이 나라에서도 그렇고, 조선에서도 그렇고, 안남에서도 그렇고, 중국에서도 그렇다)고 했다.[69] 그러나 공통된 이념의 실현 방법에서는 노선 차이가 있어 대립이 생겨났으며, 나라에 따라서 사정이 달랐다.

공통된 이념에 충실한 전형적인 선비가 중국의 경우에는 宋代에 나타났다가 明淸 이후에는 찾아보기 어렵게 되었다. 과거를 보아 급제한 사람만 '紳士'라고 하고 선비의 사회적 지위를 법제화한 조처가 커다란 변화를 가져왔다. 吳敬梓가 《儒林外史》에서 잘 보여준 것처럼, 급제하면 허세를 부리고 실패하면 비탄에 잠겨 선비 정신을 찾아보기 어렵게 되었다. 과거에 급제해 등용된 紳士는 "황제의 은총에 종속되어 안전을 도모하기만 했다", "사람과 사람 사이의 관계를 바꾸어놓아야 할 이유가 없다고 여겼

---

69) 藤原惺窩의 언행을 제자 林羅山이 기록한 이 말이 〈惺窩問答〉, 《林羅山文集》 권32에 있다. 《동아시아문명론》(서울: 지식산업사, 2010), 359-361면에서 이에 관해 고찰했다.

다."70) 학식이 많다는 능력자는 考證學을 과업으로 삼아 철학은
버리고 언어나 따지는 기능적 선비 노릇을 했다.71)

그런 가운데도 王夫之는 비판적이고 창조적인 학문을 하려고
분투했다.72) 明의 유민이라고 자처해 淸의 통치를 거부하고 숨어
지내면서 사회개조의 의지를 학문에서 이룩하려고 했다. 논설을
쓰지 않고 經學을 위한 斷想 여기저기에서 과감한 견해를 조심스
럽게 폈다. "君子雖際大亂 可辱可死 而學道自其本務 一日未死 則
不可息於一日 爲己非爲人也"(군자는 비록 커다란 재난을 만나 욕
을 당할 수도 있고 죽을 수도 있지만, 도를 탐구하면서 그 근본에
서부터 힘써야 한다. 죽지 않은 하루 동안 쉬지 말아야 한다. 자
기를 위함이고 타인을 위함이 아니다.)(《周易內傳》 明夷卦) 이런
자세를 가지고 그릇된 세상을 바로잡는 학문을 하는 것이 선비의
사명이라고 다짐했다. "若夫土 則天地之固有矣 王者代興代廢"(무
릇 토지는 천지가 원래 가진 것이고, 지배자는 흥하기도 망하기
도 한다)(《讀通鑑論》 煬帝)라는 말을 앞세워 지배자의 정치적·

---

70) Hsiao-Tung Fei, 費孝通, *China's Gentry: Essays in Rural-urban Relations*,
(Chicago: The University of Chicago Press, 1953), 58·74면.

71) Benjamin A. Elman, *From Philosophy to Philology: Intellectual and Social Aspects
of Change in Late Imperial China* (Cambridge: Harvard University Press, 1984)
에서 이에 관해 고찰했다.

72) 〈王夫之〉,《세계·지방화시대의 한국학 8: 학자의 생애》(대구: 계명대학교출
판부, 2009)에서 이에 관한 논의를 폈다. 그 책에 다음에 드는 사람들을 고
찰한 〈安藤昌益〉·〈崔漢綺〉도 있다.

경제적 횡포를 비판했다.

일본에서는 武士의 지배가 계속되어, 文士는 보조자 노릇을 하면서 일찍이 菅原眞道가 〈博士難〉에서 말한 기능적 선비의 고충을 이어나갔다. 武士가 정신적으로도 더 우월하다고 했다. 무사는 "義·勇·仁·禮·誠·名譽·克己"를 실행한다고 대외적으로 자랑한 저작이 일본 안에서도 많이 읽혀 자부심을 가지는 근거 노릇을 했다.73) 무사 정신이라는 것들은 유학의 일반적인 덕목 가운데 智는 빼고 勇·名譽·克己를 보탠 것이다. 智를 뺀 것은 무사는 학자가 아니기 때문이다. 보탠 것들은 유럽의 기사도에서도 볼 수 있는 군인 정신이다. 무사는 "도덕의 지침이 되기 때문에 유교를 존중했을 따름이고, 사회에 학문적 영향력을 끼친 것은 아니다"라고 하고 "德川幕府 시절에 무사가 학문적인 기여를 제대로 하지 못한 것이 오늘날 일본은 다른 사회에서처럼 순수한 학문을 존중하지 않은 이유의 하나이다"라고 한 지적이 적절하다.74)

기능적 지식을 담당하는 문사 가운데 漢學을 직분으로 삼는 사람들은 학문에 힘써 유학에 대해 자기 나름대로의 견해를 제시하기도 했으나, 유용성을 내세울 따름이고 그릇된 세상을 바로잡는

---

73) Inazo Nitobe, *Bushido: the Soul of Japan, an Exposition of Japanese Soul* (Philadelphia: The Leeds and Biddle, 1899)이라는 것이 영문으로 먼저 출간되고, 그 번역판 新渡戸稻造·失內原忠雄 譯, 《武士道》(東京: 岩波書店, 1938)가 문고본으로 거듭 나와 국민 필독서 노릇을 하고 있다.

74) Chie Nakane et al., ed., *Tokugawa Japan: the Social and Economic Antecedents of Modern Japan* (Tokyo: University of Tokyo Press, 1990), 228면.

것이 선비의 사명이라는 의식은 없었다. 그런데 문사의 직분과는 무관하고, 선비라고 할 수도 없는 安藤昌益가 예사롭지 않은 작업을 했다. 농사가 잘 되지 않은 척박한 땅 동북 지방에서 의원 노릇을 하면서, 농민의 참상을 보고 마음 아파 구해줄 학문을 하기로 했다. 스스로 농사를 짓기도 하고, 농사하는 방법을 바꾸어 농민이 살 수 있게 하려고 하다가 실패하고, 사람을 차별하는 제도의 근거가 되는 사상을 온통 바꾸어놓아야 한다고 역설하는 데 힘을 기울였다. 일본어의 어법이 들어간 변체 한문으로 글을 써서 학문을 근본적으로 혁신해야 한다고 했다.

"古書家之失 拔其失字 乃用字改之 破却古書盜亂根 後後永永無限 爲令至無盜無亂安平活眞世耳矣 以失拔失 而見眞道也"(고서를 쓴 사람의 잘못을, 잘못된 글자를 뽑아내고 올바른 글자를 써서 고친다. 고서의 盜亂 뿌리를 아주 없애고, 두고두고 오래오래 무한히 盜亂이 없고 평안한 活眞의 세상에 이르도록 하기 위해, 잘못으로 잘못을 뽑아내고 참된 도가 드러나게 한다.)(〈大序〉) 자기 학문 총괄론에서 이렇게 말했다. 성현의 가르침을 전한다는 고서에 있는 盜亂의 과오를 바로잡아 活眞의 세상을 이룩하기 위해 분투해야 한다고 했다. 盜亂은 훔치고 괴롭힌다는 말이다. 지배자가 훔치는 짓을 일삼아 피지배자를 괴롭히는 것을 정당화한 고서의 과오를 바로잡는 글을 다시 써서, 누구나 자유롭고 진실하게 사는 活眞의 이상을 실현하는 학문을 하겠다고 했다. 성현의 가르침을 이어받아 훌륭한 선비의 학문을 하겠다고 한 것은 전혀 아니다. 피지배자의 참상을 자기가 겪고 분발해 지배자를 옹호한 성현의 잘못을 시정하고 그릇된 세상을 바로잡는 학문을 하겠다고 했다.

조선왕조 시대의 지배자인 양반은 과거를 보아 관직에 나아가지 않아도 신분적 특권을 상실하지 않았다. 학식과 덕성을 갖춘 양반은 선비로 자처하고, 초야에 묻혀 있으면서도 국정의 잘못을 시비하는 상소문을 쓰고, 세상을 바로잡아야 하는 사명감을 지녔다. 그러면서 이념을 정립하고 실행하는 방향에서 많은 차이와 대립이 있어 理氣心性에 관한 심각한 논란을 벌였다. 그래서 힘써 연구하고 평가해야 하는 많은 저작을 남겼다. 그 권역 밖에는 볼테르·王夫之·安藤昌益와 상통하는 파격적이고 혁신적인 견해를 펴는 학자들이 있었다. 그 가운데 崔漢綺가 가장 많은 진전을 보였다.

최한기는 四色 어디에도 속하지 않은 시정인으로 살아가면서 자기를 세상에 알리지 않아 박해를 피했으며, '賢俊'이라고 한 학계의 우상을 모멸하거나 '權貴'라고 한 권력자의 심기를 거스르지 않는 것이 마땅하다고 했다.(《人政》13〈學問見害〉) 이기심성에 관한 오랜 논란에 말려들지 않고 제기된 문제에 대한 확고한 해결책을 마련해 학문의 근본을 혁신하는 저술을 남겼다. 우언을 지어내거나 단상을 열거하는 방식을 택하지 않고 제목, 구성, 논리 등의 요건을 제대로 갖춘 논설을 제대로 된 한문으로 간결하게 썼다. "我之所資育所依賴 在今不在古 所須用所遵行 在今不在

古"(나를 이루는 데 필요하고 의지할 바가 지금에 있고 옛적에 있지 않다)고 하고, "苟使文學之士 罔昧今之氣化 只將古之文蹟 欲治今之民 必多違"(글 배우는 사람으로 하여금 지금의 氣化는 도무지 모르면서 옛날 글의 자취를 가지고 지금의 백성을 다스리게 하면 반드시 많이 어긋날 것이다)라고 했다. (《人政》11 〈古今通不通〉)

"一切學問莫不有弊 虛無學之弊 馳騖無準的之地 其弊難救 誠實學之弊 漸篤於自縛束之境 其弊難解 運化學之弊 在於違越 其弊易救"(모든 학문에 폐단이 없을 수 없다. 허무학의 폐단은 표준이나 기준이 없는 곳으로 달려가는 데 있으므로, 그 폐단을 시정하기 어렵다. 성실학의 폐단은 자기 자신을 속박하는 경지를 점차 굳히는 데 있으므로, 그 폐단을 알아차리기 어렵다. 운화학의 폐단은 벗어나거나 넘어서는 데 있으므로, 그 폐단을 쉽사리 시정할 수 있다)(《人政》13 〈諸學之弊〉)고 해서 놀랄 만한 진전을 보였다. 학문에는 허무학·성실학·운화학이 있다고 했다. 세 학문에 모두 그 나름대로의 오류가 있고 해결 방법이 다르다고 했다.

老佛學은 허무학이어서 표준이나 기준이 없는 곳으로 달려가는 오류가 있다고 한 것은 유학 특히 성리학에서 항상 해온 말이다. 성실학이라고 일컬은 성리학에는 자기 자신을 속박하는 경지를 점차 굳히는 과오가 있어 알아차리기 어렵다고 한 것은 큰 충격을 주는 새로운 견해이다. 성실학의 폐쇄성을 시정하려면 氣가 움직이고 변하는 것을 인식과 판단의 근거로 삼는 운화학을 해야

한다고 하고, 운화학에서는 氣에서 벗어나거나 氣를 넘어서는 과
오를 발견하고 쉽사리 고칠 수 있다고 했다.

방향 제시

근대 유럽의 힘이 세계를 휩쓸면서 지식인 학자가 동아시아에
서도 출현하고 득세해 선비의 시대를 청산하려고 하는 데 대해
어떻게 대처해야 하는가? 이 문제를 서두에서 제기하고 해결 방
안을 이미 말했다. 지식인의 능력과 선비의 정신은 각기 장점을
지니고 있으므로, 지식인이면서 선비이고 선비이면서 지식인인
새로운 학자가 문명을 통합하는 것이 바람직하다. 원론 차원에서
는 누구나 동의할 수 있는 말을 너무 쉽게 했다. 문제의 핵심은
실현 가능성이다. 실현 가능성을 입증하지 못하면 모든 논의가
허사이다.

지식인은 선비에 대해서 알려고 하지 않으면서 선비의 시대는
끝났다고 하고, 선비는 오랜 관습에 안주해 지식인을 폄하하려고
하면, 둘의 접근조차 가능하지 않다. 양쪽에서 행세하고 있는 주
류만 살피면 이 이상 할 말이 없다. 비관론으로 결말을 맺을 수밖
에 없다. 그러나 주류에서 벗어나 학문을 혁신하기 위해 분투한
분들도 있는 것을 알고 찾아내 남은 과업을 이어받아 수행하고자
하면 논의가 달라진다. 비관론이 낙관론으로 전환될 수 있다.

위에서 살핀 볼테르·王夫之·安藤昌益·崔漢綺가 그런 분들이어

서 낙관론이 성립될 수 있게 한다. 볼테르는 유럽문명권의 편견과 횡포에서 벗어나려고 하면서 이성 이상의 통찰력을 가지고 세상을 구하는 학문을 하는 데 진력해, 선비라는 말을 몰랐더라도 큰 선비의 도리를 실행했다고 평가할 수 있다. 王夫之·安藤昌益·崔漢綺는 氣의 실상 인식에 힘쓰면서 지식의 소중함을 절감하고 그릇된 세상을 바로잡고자 했다. 비판적이고 창조적인 지식인의 학문이라고 할 것을 이미 했다. 최한기가 복고주의를 거부하고 새로운 지식을 탐구하는 학문 방법을 이룩하는 데 힘쓴 것을 특히 주목해야 한다.

중세에서 근대로의 이행기에 이룩된 이런 업적이 근대가 되면서 경시되거나 망각되어 지식인과 선비 사이의 거리가 크게 벌어졌다. 볼테르는 자기 나라에서 대단하다고 평가하면서도 이성의 능력을 발휘한 지식인의 표본으로 의의를 축소했다. 王夫之·安藤昌益·崔漢綺는 잊혀 있다가 발견되었으며, 선비 학문의 정통에서 벗어나 있는 것을 기이하게 여기고 유럽 지식인 학문에 갖다 대고 이해하려고 한다. 선비 학문을 스스로 혁신해 지식인 학문이기도 하게 재창조한 성과와 그 의의를 안목이 모자라 알지 못한다.

이제 근대를 넘어서는 다음 시대의 학문을 시작할 때가 되었다. 학문의 역사를 근대의 편견에서 벗어나 다시 이해해야 상황 파악을 분명하게 할 수 있다. 중세에서 근대로의 이행기에 이룩한 업적 가운데 근대에는 망각된 것들을 찾아내 이어받는 것이 전환의 출발점이다. 근대에는 가해자와 피해자로 갈라진 유럽과 동아시아가 중세에서 근대로의 이행기에는 학문 혁신을 위해 공통된 노력을 한 사실을 알아 지식인 학문과 선비 학문을 통합하는 발판으로 삼아야 한다.

지식인 학문과 선비 학문의 통합 작업은 선비에 대해서 알지 못하는 유럽에서는 가능하지 않아 동아시아에서 선도해야 한다고 했다. 그러나 볼테르의 업적 가운데 망각되고 방기된 부분을 찾아서 평가하면 유럽에서도 방향 전환이 가능하다. 동아시아에서는 유럽의 지식인 학문을 받아들이는 데 힘쓰다가 선비 학문을 스스로 평가 절하하는 탓에 둘을 통합하지는 못하는 잘못을 반성하고, 王夫之·安藤昌益·崔漢綺가 보여준 가능성을 찾아내 이어받아야 한다. 근대를 넘어서는 다음 시대 학문을 이룩하기 위한 동서 공동의 과업, 동아시아의 노력에 한국에서 먼저 착수하고 동참을 촉구하는 것이 마땅하다.

볼테르와 최한기에 관해서는 근접된 비교를 해야 할 것이 있다. 볼테르는 동아시아 선비 학문을 자기 나름대로 평가하고,75) 최한기는 유럽 지식인 학문에 대해 깊은 관심을 가지고 이해하려고 했다. 이러한 사실을 들어 볼테르는 동아시아의 우월성을 입증하고, 최한기는 유럽을 추종했다고 하는 것은 안목 부족이 의심되는 저

---

75) 옛적 바빌로니아에서 유래한 고서라고 소개한 우언《자디그》(*Zadig*)에서, 주인공이 멀리까지 장사하러 나섰다가 여러 나라 사람들이 각기 자기 종교가 옳다고 주장하는 자리에서 "Li"(理)와 "Tien"(天)에 관해 중국인이 하는 말을 듣고 대립을 넘어설 수 있는 방안이라고 인정했다고 했다. (Voltaire, *Romans, Contes et Mélanges tome 1*, 142면)

급한 견해이다. 이해가 부정확하다고 나무라는 연구나 하고 마는 것은 더욱 부적절하다. 두 방향의 학문 통합을 위해 두 사람이 각기 스스로 분투하면서 보여준 관심의 확대가 그렇게 나타난 것을 알고, 외형보다 내질을 더욱 중요시해야 한다.

이해의 정확성 여부나 따지는 근시안적 접근에서 벗어나 탁월한 통찰력과 광범위한 지식을 갖추어야 한다. 볼테르·王夫之·安藤昌益·崔漢綺를 통괄해 이해하는 것을 기본 작업으로 하고 중세에서 근대로의 이행기에 이룩한 업적을 출발점으로 삼아, 근대를 넘어서는 다음 시대 학문으로 나아가는 비약적 창조를 성취해야 한다. 지식인의 능력과 선비의 정신이 하나가 되어 둘을 구별하는 용어조차 필요하지 않게 하는 것을 그 기초공사로 삼아야 한다. 이러한 노력을 위한 지침이 되는 학문론을 힘써 정립해야 한다.

붙임

이 글을 다 읽어도 선비 정신이 무엇인지 분명하지 않다는 질문을 받았다. 너무 많은 말을 해서 논지가 흐려진 것 같다. 공자가 《논어》에서 간략하게 한 말을 재정리해 대답을 삼기로 한다. 선비는 대가를 바라지 않고 학문을 하고, 탐구한 것을 실행하기 위해 자기희생을 주저하지 않고 한다. 물질적인 보상이 있어야 탐구를 하고, 탐구는 실행과 별개의 것이라고 하고, 남들을 위한 자기희생은 하려고 하지 않는 오늘날의 학자는 선비와 거리가 멀다.

〈한국은 더 이상 '선비의 나라'가 아닌 '상공인의 나라'이다〉라고 하는 글이 발견되어 논평을 하지 않을 수 없다. 표제에 내놓은 말이 맞다. 한국도 그 글에서 모범이라고 칭송한 영국을 비롯한 유럽문명권 선진국처럼 상공인의 나라가 되어 근대화를 이룩했다. 상공인을 위해 봉사하는 지식인 학문을 열심히 해서 볼 만한 성과를 거두었다. 그러나 이제는 단계가 달라졌다. 상공인의 근대화를 남들처럼 하고 있기만 하면 경쟁에서 밀려나 선두에 나설 수는 없으므로 다른 길을 찾아야 한다. 2등은 살아남지 못할 정도로 냉혹해진 시대에 새로운 1등의 자리를 선점하려면 특단의 대책이 필요하다.

다른 길 또는 특단의 대책이라고 한 것은 지식인 학문과 선비 학문을 합쳐야 마련할 수 있다. 유럽문명권 전래의 지식인 학문을 최고 수준으로 체득하고 선비 학문 전통의 정수를 활용해 이질적인 것들끼리 생극의 창조를 하는 것이 해결책이다. 선비는 대가를 바라지 않고 학문을 하고, 탐구한 것을 실행하기 위해 자기희생을 주저하지 않고 한다고 했다. 이런 선비 정신을 이어받아 학문을 해야 투자 액수에 비례해 연구 성과가 나온다는 공식을 깨는 비약이 가능하다. 지금까지 통용되어온 산수와는 다른 고차원의 수학을 내놓을 수 있다.

이제 우리는 통찰력 있는 역사철학을 마련하고, 인문학문·사회학문·자연학문을 함께 발전시켜, 이론과 실천 양면에서 획기적인 전환을 이룩해야 한다. 인문학문과 자연학문의 생극 관계가 그 핵심이다.76) 이것은 근대를 넘어서서 다음 시대로 나아가는 전환이다. 새로운 역사 창조를 선도하면서 후진이 선진임을 입증해 인류를 위해 널리 기여하는 것이 마땅하다. 이런 생각을 지금까지의 선진국 어디서도 하지 않아 선진이 후진임을 입증하고 있다.

---

76) 《학문론》의 한 대목 〈인문학문과 자연학문의 생극 관계〉를 다시 보기 바란다.

대구경북학이 나아갈 길[77]

서두의 논의

대구경북은 대구와 경북을 합친 말이다. 오늘날의 행정구역은 대구광역시와 경상북도로 나뉘어 있지만, 이 둘은 역사를 공유한 공동체이다. 학문에서는 대구학과 경북학이 분리될 수 없고 대구경북학이라는 총체를 이루어야 한다. 대구경북학을 힘써 연구해 유용한 결과를 얻어야 한다는 인식을 근거로 대구경북학회가 결성되어 적극적으로 활동하고 있다. 관심이 있고 공감하면 성원을 하는 데 그치지 않고 참여하는 것이 바람직하다.

---

77) 이 글은 여러 차례의 구두 발표를 모으고 다듬어 《대구경북연구》 13권 1호 (대구: 대구경북연구원, 2014)에 수록한 논문이다. 원래의 제목은 〈대구경북학의 사명과 진로〉였다.

출발 단계에서 방향을 잘 잡고 있는지 검토할 필요가 있다. 이에 관한 논란에서 참여가 시작된다. 학문의 한 분야가 출현해 정착하려면 어느 경우에든지 기초공사를 단단하게 해야 한다. 무엇을 어떻게 연구하는가, 학문의 판도에서 어떤 위치를 차지하는가, 어느 방향으로 나아가야 하는가 하는 등의 기본적인 문제를 분명하게 제기하고 타당하게 해결해야 한다. 기본적인 문제에 관한 원론을 갖추지 않으면 학문일 수 없다.

대구경북학은 편의상의 연합체일 수 없다. 여러 기존 학문 전공자들이 자기 분야의 원론을 견지하면서 실제적인 필요 때문에 협력하는 데 그치면 대구경북학은 학문이 아니거나 수준 이하의 학문에 머무른다. 배타적인 영역과 방법을 갖춘 독립된 학문을 만들자는 것은 아니다. 대구경북학은 여러 학문이 참여해 공동으로 이룩하는 이른바 학제간 학문이다. 학제간의 연구는 무엇이며 어떻게 해야 하는가 하는 것이 원론 정립의 긴요한 과제이다.

학문 원론은 출발 단계에서 필요한 논의를 다 하고 마무리해야 되는 것이 아니다. 새로운 견해를 제시해 토론을 계속해야 기초가 더욱 단단해지고 발전이 가속화된다. 자기 성찰을 위한 열의가 어느 정도인가에 따라 학문의 수준이 달라진다고 할 수 있다. 학문 세계의 신참자인 대구경북학이 이런 사실을 무시하면 정착하기 어렵고 성장에 지장이 있다. 이론적 성찰에 의한 원론 정립에서 모범이 되는 성과를 이룩해 학문 발전에 적극 기여하고 널리 영향을 끼쳐야 대구경북학을 잘한다고 할 수 있다.

대구경북학은 대구경북의 정치, 경제, 사회, 문화 등의 현실에서 제기되는 당면 과제 해결에 참여한다는 점에서는 응용학문이다. 응용학문이라도 필요한 이론을 개발하고 마땅한 진로를 개척해야 한다. 응용학문에 머무르지 않고 이론학문으로 나아가기까지 해야 대구경북학을 더 잘 할 수 있다. 대구경북을 위한 학문만이 아니고 학문 발전의 새로운 경지를 개척해 널리 도움이 되는 더 큰 과업을 자각해야 한다. 미래를 예견하고 창조하는 통찰력을 갖추어 인류를 위해 널리 기여하는 본보기를 대구경북에서 보이는 것이 대구경북학의 사명이고 진로이다.

대구경북학에 대한 이런 지론을 나는 여러 해 동안 많은 강연을 하면서 거듭 폈다.[78] 책을 써서 다루기도 했다.[79] 너무 많이

---

78) 1994년 6월 23일 "시민대토론회 대구경북의 선택"에서 〈우리 시민문화 어떻게 새로워져야 하나〉; 2002년 10월 31일 대구시청에서 〈전통문화 재인식과 계승〉; 2004년 3월 20일 동아대학교에서 〈낙동강 문화 연구 서설〉; 2004년 12월 15일 대구경북개발연구원에서 〈대구는 학문의 수도여야 한다〉; 2005년 6월 14일 대구경북개발연구원에서 〈한국학과 대구경북학〉; 2005년 8월 18일 대구시고위공무원 모임에서 〈대구의 정체성과 대구학〉; 2006년 3월 20일 계명대학교 정책대학원에서 〈우리 고장 문화유산 재인식〉; 2006년 11월 17일 계명대학교 한국학연구원에서 〈지방문화에서 세계학문으로〉; 2008년 1월 15일 한국고전문학회에서 〈지방문학 연구의 의의〉; 2010년 12월 1일 대구글로컬인문강좌에서 〈지방·나라·문명권·세계의 학문〉; 2012년 3월 27일 대구경북학회에서 〈대구경북학의 사명 자각〉; 2012년 5월 24일 한국국학진흥원에서 〈경북인의 특성과 문화 전통〉; 2012년 12월 27일 대구경북학회에서 〈다음 시대로 나아가는 새로운 학문〉이라는 제목의 글을 써서 배부하고 강연을 했다.

펼쳐놓아 감당하기 어렵고 중복이나 결락도 있으므로, 요긴한 내용은 가려내 재정리하고 새로운 착상을 보태 대구경북학 원론 정립에 적극 기여하고자 한다. 학문이란 무엇이며 어떻게 해야 하는가 하는 문제를 제기하고 해결하는 학문학 개척을 위해 노력한 성과도 있어 가져와 활용할 수 있다.[80] 직접 수행한 연구를 예증으로 삼아 논의를 구체화기로 한다.

지방학의 의의

대구경북학은 지방학이다. 지역학이라는 말을 쓰자는 주장이 있으나 대구경북학에 적용하기에는 적합하지 않다. 지역은 임의적이고 가변적으로 설정되는 공간이며, 범위가 경우에 따라 달라 국가보다 좁기도 하고 넓기도 하다. 경기도에서 전라도까지의 서해안도 지역이고, 러시아 일부를 포함한 동북아시아도 지역이다.

지역자치단체라고 하지 않고 지방자치단체라는 말을 사용하는 데서 지역과 지방의 차이가 분명하게 드러난다. 지역은 고유한 실체가 없으며 연구 대상으로 선택되는 객체이기만 하다. 지방은 고유한 실체가 있으며 자치를 할 수 있는 주체이다. 지방은 국가

79) 《지방문학사 연구의 방향과 과제》(서울: 서울대학교출판부, 2003);《세계·지방화시대의 한국학》1-10 (대구: 계명대학교출판부, 2005-2009)

80) 《우리 학문의 길》(서울: 지식산업사, 1993, 제2판 1996);《인문학문의 사명》(서울: 서울대학교출판부, 1997);《이 땅에서 학문하기》(서울: 지식산업사, 2000);《학문론》(서울: 지식산업사, 2012)에서 학문론을 위한 작업을 했다.

의 일부이고 독자적인 전통을 근거로 결속되어 있는 공동체이다. 지역 연구는 여러 학문의 다양한 관점에 따라 갖가지로 상이하게 이루어지지만, 지방은 공동체라는 점이 중요시되고 지방학의 긴요한 내용이 된다.

지방은 범위가 어느 하나로 정해져 있는 것은 아니다. 영남, 대구경북, 그 가운데 여러 시군(경주, 상주, 안동 등)이 각기 지방이어서 여러 층위의 지방학이 있어야 한다. 대구와 경북이 행정구역에서는 나뉘어 있지만, 오랜 내력을 지닌 단일체여서 대구경북학을 하는 것이 마땅하다고 했다. 대구경북학은 부산경남학이나 광주전남학과 동격이다. 대구경북학은 부산경남학과 함께 영남학에 포함되고, 여러 시군학을 포함한다. 대구경북학의 독자적인 의의를 강조하려고 이런 관련성을 무시하지 말아야 한다. 대구경북학이 영남학에서 독립하고 여러 시군학을 배제하면 내용이 빈약해지고 의의가 감소한다. 대구경북학에 관한 이제부터의 논의는 대부분 영남학에도 해당하고 특정 시군학에서 더욱 구체화될 수 있다.

지방학이라는 용어를 버려야 한다는 주장은 중앙과 지방이 우열 관계를 가진다는 사고가 마땅하지 않다는 데 근거를 둔다. 그러나 중앙과 지방의 우열 관계는 지방을 지역으로 고쳐 일컬으면 해결의 실마리를 찾을 것이 아니고, 잘못을 지적하면서 비난의 대상으로 삼는 데 그칠 것도 아니다. 중앙과 지방의 우열 관계는 사고이기 이전에 사실이다. 이 사실이 언제 왜 생겼는지 밝혀 논하는 것이 지방학 정립의 기초공사가 된다. 거시적인 안목을 가지고 널리 살펴야 사태의 본질이 비로소 이해된다는 것을 깨닫고, 세계사적 통찰력까지 갖추어 학문을 혁신하는 수준으로 올라가야 한다.

지방이나 지방학은 가련한 처지라고 하면서 동정을 구하고, 차분한 서술에서 이탈해 과장법을 사용하는 수준을 넘어서야 한다. 소외되고 피해를 받는 쪽이 분발해 혁명을 일으킨 성과가 확대되어 널리 혜택을 주는 대전환이 학문의 역사에도 당연히 있어야 한다는 것을 알아야 한다. 이런 안목으로 국내외의 사태를 크게 파악해야 길이 열린다. 중앙과 지방의 우열 관계는 우리만 겪고 있는 특수한 불행이 아니고, 세계사 전개의 산물임을 알아야 한다. 다른 여러 나라의 경우를 함께 고찰하고 지방학 비교론을 이룩해, 근대의 산물인 국가학 독주의 폐단을 시정하고 다음 시대로 나아가는 학문이 지방학임을 알아차리고 대구경북학이 전환을 선도하는 것이 마땅하다.

중세까지는 어떤 정치체제를 택하든 지방이 그 나름대로 독립되고 독자적인 의의를 가졌다. 중세를 무너뜨리고 근대를 이룩하면서 근대국가를 배타적이고 독점적인 주권을 가진 단일체로 만드는 방향으로 나아가 중앙에서 여러 지방을 직접적으로 지배하는 제도를 만들어냈다. 이렇게 하는 것이 마땅한 발전 방향이라고 세계 어디서나 인정하고 후진이 선진을 따랐다.

발전은 지나치면 역전이 일어나게 마련이다. 이제 중앙집권의 폐해가 문제되고 피해자들의 반발이 표면화되고 있다. 국가의 통제가 약화되고 지방의 자율성과 독자성이 신장되는 변화가 일제히 일어나, 근대를 넘어서는 다음 시대로 나아가고 있다. 근대화에 앞장섰던 곳에서 국가의 종말을 말하기까지 하고, 소수민족의 주권 회복을 대안으로 제시한다.81) 무엇이 어떻게 되는지 바로 알아 이러한 변화를 촉진하고 바람직하게 이끄는 것이 전향적인 지방학의 사명이다.

어느 곳에서나 세계사가 전환에 이른 시기임을 인식하고, 지방학을 대단한 관심사로 삼아 열의를 바쳐 연구하고 있다. 단일 노선 근대화의 통합 논리 정립을 위한 학문 경쟁에서 지방학을 다양하게 발전시키려고 힘쓰는 쪽으로 크게 전환하고 있다. 이러한 사실을 상론할 겨를이 없으므로 몇 가지 대표적인 사례만 든다.

유럽 각국의 소수 언어 사용자들이 민족의 권리와 지방의 독자성을 주장하는 움직임이 광범위하게 일어나 많은 연구가 이루어지고 있다.82) 미국에서는 인종이 다양하고 지방의 차이가 많은

---

81) Gurutz Jáuregui Bereciartu, William A. Douglass tr., *Decline of Nation-State* (Reno: University of Nevada Press, 1994); Jean-Marie Guehénno, Victoria Elliott tr., *The End of Nation-State*, (Minneapolis: University of Minnesota Press, 1995)에서 근대 국민국가의 종말을 논했다. Jennifer Jackson Preece, *National Minorities and the European Nation-States System* (Oxford: Clarendon, 1988); Crawford Young ed., *The Rising Tide of Cultural Pluralism, the Nation-State at Bay?* (Madison: The University of Wisconsin Press, 1993)에서는 소수민족이 존중되는 다원주의 시대로 나아가야 한다고 했다.

82) 프랑스에 좋은 본보기가 있다. 브르타뉴의 서쪽 끝 Brest에 있는 Université

이중의 특성이 복합되어 있어 어려움을 해결하는 방법을 다각도로 모색한다.[83] 인도에서는 각기 다른 언어로 이루어진 지방문학사를 모두 갖추는 것을 국책 사업으로 진행한다.[84] 중국에서도 소수민족문학사를 만들어내는 데 힘을 기울여 많은 책을 낸다.[85]

---

de Bretagne Occidentale의 Centre de recherche bretonne et celtique에서 연구한 성과가 Yves Gallo et Yves Le Gallo dir., *Histoire littéraire et culturelle de la Bretagne* (Paris–Spezed: Champion–Coop Breizh, 1997) 전3권으로 출간되어 있다.

83) Larry L. Naylor ed., *Cultural Diversity in the United States*, Westport, Connecticut: Bergin and Garvey, 1997; Dean J. Franco, *Ethnic American Literature: Comparing Chicano, Jewish, and African American Writing* (Philadelphia: University of Virginia Press, 2006) 같은 것들이 있다.

84) 국립문학연구소인 Sahitya Akademi에서 Sukumar Sen, *History of Bengali Literature* (1960); Mayadhar Mansinha, *History of Oriya Literature* (1963); G. V. Sitapati Shivananth, *History of Telegu Literature* (1968); L. H. Ajwani, *History of Sindhi Literature* (1970); P. K. Parameswaran, *History of Malayalam Literature* (1970); R. S. Mugali, *History of Kannada Literature* (1975); Shivananth, *History of Dogri Literature* (1976); Mansukhlal Jhaveri, *A History of Gujarati Literature* (1978); Hiralal Maheshwari, *History of Rajasthani Literature* (1980); Kumar Pradhan, *A History of Nepali Literature* (1984); M. Vardarajan, *History of Tamil Literature* (1988); Kusumawati Deshpande and M. V. Rajadhyakha, *A History of Marathi Literature* (1988); Sant Singh Skhon and Kartar Singh Duggal, *A History of Punjabi Literature* (1992); Ali Jawad Zaidi, *A History of Urdu Literature* (1993); L. H. Aiawani, *History of Sindi Literature* (1995); Manihar Singh, *History of Manipuri Literature* (1996) 등을 출간했다.

85) 毛星 主編, 《中國少數民族文學》(長沙: 湖南人民出版社, 1983), 楊亮才 外, 《中國少數民族文學》(1985)(北京: 人民出版社) 같은 총론, 貴州省民間文學工

이런 작업을 어디서나 힘써 하는 것이 아니고 선후의 차이가 있다. 일본에는 북쪽에 아이누인이, 남쪽에 유구인이 있으며, 일본인이라도 지방에 따라 많은 차이를 보여주고 있지만 이에 관한 연구는 활발하지 않다.86) 단일화를 지향하는 근대학문에 매여 다

作組,《苗族文學史》(貴陽: 貴州人民出版社, 1981); 張公瑾,《傣族文化》(長春: 吉林敎育出版社, 1986); 侗族文學史編寫組,《侗族文學史》(貴陽: 貴州民族出版社 1988); 周興渤,《景頗族文化》(長春: 吉林敎育出版社, 1991); 和鍾和 主編,《納西族文學史》(成都: 四川民族出版社, 1992); 蘇維光 外,《京族文學史》(南寧: 廣西敎育出版社, 1993); 龍殿寶 外,《仏佬族文學史》(南寧: 廣西敎育出版社, 1993); 李力 主編,《彝族文學史》(成都: 四川民族出版社, 1994); 李明 主編,《羌族文學史》(成都: 四川民族出版社, 1994) 등의 각론이 있다.

86) 金田一京助,《アイヌ聖典》(東京: 世界文庫, 1923); 伊波普猷,《古琉球》(東京: 沖繩公論社, 1911) 이래로 아이누나 유구에 관한 연구를 일부 전문가들은 계속하고 있지만, 일본에는 소수민족이 존재하지 않는다고 하는 것이 일본 정부의 공식 견해이다. 지방분권의 오랜 전통이 있으나, 지방학이 학문으로 자리 잡지 못하고 있다. 柳田國男,《鄕土生活の硏究法》(東京: 刀江書院, 1935)에서 본보기를 보인 지방 애호의 민속학은 대학 밖에 머무르고 있다. 지방학 연구서는 찾아보기 어렵고 어느 지방의 《文學風土記》,《文學紀行》 등의 대중용 읽을거리는 많이 나와 있다. 나라가 다원체인 실상과 단일체라는 주장 사이의 격차는 어느 나라에든지 있으나 일본에서 가장 심각하다. 일본인은 萬世一系의 신성한 통치자를 섬기는 단일민족이라는 신화 조작이 지속적인 영향력을 가지고 학문의 정상화를 저해하기 때문이다. 이에 대한 이해를 깊이 하려면 비교 고찰이 필요하다. 유럽문명권의 도전을 받고서도 식민지가 되지 않은 몇몇 나라는 그 비슷한 신화를 조작해 비정상적인 근대국가를 만드는 이념으로 삼은 탓에 보편주의를 외면하는 국수주의의 폐해에서 벗어나기 어렵게 되었다. 에티오피아, 타이, 페르시아, 터키 등의 나라가 이에 해당하고,

원화를 위한 다음 시대의 학문으로 나아가지 못하고 있다. 한국은 지방의 이질성이 일본보다 작으면서 지방학에 대한 관심과 열의는 일본보다 커서 앞서나간다고 할 수 있다.

한국은 위에서 든 여러 나라처럼 지방에 따라 민족이나 언어가 다르지 않다. 제주도는 독자적인 영역이지만, 동질성이 다른 어느 나라보다 두드러진 것을 특징으로 한다. 소수민족이나 소수 언어의 문제가 없으며, 중앙집권의 오랜 전통이 있다. 그러나 동질성 속의 이질성이 사실보다 의식의 차원에서 더욱 중요시되어 지방이 뚜렷하게 구분되고 소중한 의의를 가진다. 기질의 차이를 가진 여러 지방 사람들이 각기 자기 방언을 사용하면서 독자적인 문화를 이어왔다는 사실을 중요시해왔다.

《東國輿地勝覽》을 만들고, 각 고을의 邑誌를 편찬해 지방의 역사, 산업, 생활, 문화, 문학 등에 관한 종합적인 서술을 한 소중한 전통이 있다.[87] 전국 또는 도 단위로 기풍이 다른 점을 글로 적기도 하고 노래하기도 한 자료가 많이 있다.[88] 팔도민 기질을 두

앞에 든 것일수록 일본과 유사성이 크다. 일본의 식민지가 된 한국은 제3세계 민족주의의 보편적 노선을 정립하고 실행하는 데 앞서는 것이 당연한데 일본의 신화 조작을 추종하는 경향이 있어 이차적인 피해를 자초한다.

87) 沿革, 風俗, 廟社, 陵寢, 宮闕, 官府, 學校, 土産, 孝子, 烈女, 城郭, 山川, 樓亭, 寺社, 驛院, 橋梁, 名賢, 題詠 등의 항목을 두는 것이 관례이다. 여러 대목에 전설이 있고, 題詠에서는 그 지방에 관한 한시를 모았다.

88) 李重煥, 《擇里志》가 있고, 전국에 관한 〈팔역사〉, 〈팔도가〉, 〈팔도읍지가〉, 지방마다의 〈호남가〉, 〈호서가〉, 〈영남가〉 등의 가사가 많이 전한다.

고 하는 말이 널리 알려져 있고[89]), 도 이하 군 단위로 살아가는 방식에 차이가 있어 서로 구별된다는 말을 흔히 한다.

지방의 차이를 밝히는 데 언어가 가장 분명한 증거가 된다. 근대 교육이 실시되기 전에도 방언끼리 소통이 가능했던 것이 한국 특유의 현상이다. 이에 관한 자료 둘을 들어 상황을 검토해보기로 한다. 제주도의 경우에는 중앙정부에서 파견된 관원이 현지민의 말은 알아들을 수 없었으나 호남 말 수준으로 알아들을 수 있는 말을 사용하는 사람들이 관가 안팎에 있어 통역이 가능했다고 했다.[90] 본토의 경우에는 남북 양쪽 끝에서 하는 말이 그리 다르지 않아 조금 익히면 소통이 가능했다.[91] 이러한 사실에 대한 종합적인 고찰을 하고, 다른 여러 나라와의 비교론을 갖추기까지 하는 것이 바람직하다.

지방학 논저라고 할 것들이 많이 나와 열의가 상당하다는 것을 확인할 수 있다. 그런데 집필자나 집필 방식이 다양하며, 학문적

---

89) 함경도 泥中鬪狗, 평안도 猛虎出林, 황해도 石田耕牛, 경기도 鏡中美人, 강원도 岩下老佛, 충청도 淸風明月, 전라도 風前細柳, 경상도 泰山峻嶺이라고 해 왔다.

90) 金尙憲(1570-1652)의 《南槎錄》에서 "官人及在城中者 往往難澁 與湖南之士一般"라고 했다.

91) 柳義養(1718-1788)이 1771년(영조 47년)에는 경상도 남해도로, 1773년(영조 49년)에는 함경도 종성으로 두 차례 귀양 간 내력을 국문으로 기록해《남해문견록》과《북관노정록》을 남긴 것이 소중한 자료이다. 남북 두 곳의 방언이 서울말과 다른 점을 실례를 여럿 들고 풀이했다. 처음에는 이해하지 못하는 말이 적지 않았는데 몇 달 지나니 알 수 있게 되었다고 했다.

인 방법과 내용을 제대로 갖춘 것은 얼마 되지 않는다. 지방학 원론이나 비교론이 필요하다는 인식을 하고 진행한 연구는 찾아보기 어렵다. 상황을 파악하고 비판적인 고찰을 거쳐 진로를 다시 설정해야 한다. 많은 작업이 필요해 여기서 감당할 수 없고 몇 가지 예시만 하는 데 그친다.

지방 차별에 항의하면서 자기 지방에 대한 애착을 보여주려고 쓴 책이 특히 많다.92) 학회에서도 지방학 연구를 과제로 삼는다. 고유한 연구 분야가 있는 기존 학회에서 지방학으로 관심을 돌려 새로운 작업을 하기도 한다. 지방학을 위한 학회를 결성해 연구를 위한 협동을 하고 공동의 성과를 이룩하고자 한다.93) 지방자치단

---

92) 김정호, 《서울제국과 지방식민지》(서울: 지식산업사, 1991)는 항의에 치중했다. 김용갑, 《영남과 호남의 문화비교》(서울: 풀빛, 1998); 한국향토사연구전국협의회, 《향토사의 길잡이》(서울: 수서원, 1996) 등에서는 반감을 순화시키면서 연구에 힘써야 한다고 했다. 김영희, 《섬으로 흐르는 역사: 신안군》(서울: 동문선, 1999); 박병술, 《역사 속의 진도와 진도 사람》(서울: 학연문화사, 1999) 같은 책은 다채로운 내용을 갖춘 자기 지방 자랑이다.

93) 《대구사학》 30 지방사 특집호(대구: 대구사학회, 1986)가 선구적인 의의를 가진다. 한국지역학회가 결성되고, 《지역연구》를 1985년에 창간했다. 유완, 〈지역학의 정의와 재조정〉에서 방향을 제시했다. 역사문화학회 편, 《지방사와 지방문화 1, 특집 지방사연구 어떻게 할 것인가?》(서울: 학연문화사, 1998); 실천민속학회 편, 《민속문화의 지역성과 보편성》(서울: 집문당, 2000) 같은 것들도 있다. 국제지역학회도 생겨 《국제지역연구》를 낸다. 2000년의 제4권 제1호에 수록된 이종회, 〈한국의 지역연구: 가능성과 한계〉에서 총론을 전개했다. 한국사회학회에서 "지역사회 공동체에 대한 성찰과 재활성화를 위하여"(2006년 5월 3일)라는 학술회의를 열었다.

체에서 조선 시대에 邑誌를 편찬하던 전통을 이어 도시, 시지, 군지 등을 만들어 지방학의 자료를 집성하는 작업을 광범위하게 하고 있다.[94] 대학의 연구소에서도 많은 일을 한다. 전남대학교의 호남문화연구소, 제주대학교의 탐라문화연구소가 오랜 내력을 자랑하면서 많은 활동을 하고, 경북대학교의 영남학연구소가 뒤따르고 있다.[95] 지방학을 위해 노력한 학자들이 이룩한 충실한 업적

---

94) 전라남도도지편찬위원회, 《전라남도지》(광주: 전라남도, 1995); 경상도칠백년사편찬위원회. 《경상도칠백년사》(대구: 경상북도, 1995)가 좋은 본보기이다. 용인시에서 내는 《용인시사총서》는 특이한 형태여서 주목할 만하다. 용인시·용인문화원·용인시사편찬위원회가 사업의 주체라고 열거하고, 각 권별로 외부연구기관 하나씩과 합작을 했다고 밝혔다. 그 기관에 용역을 주어 연구하고 집필하도록 했다. 책 이름, 외부연구기관명, 출간연도를 들면 다음과 같다. 《고려시대의 용인》, (외부연구기관 불참), 1998; 《용인의 도요지》, 한신대학교박물관, 1999; 《용인의 옛 절터》, 중앙승가대학교 불교학연구소, 1999; 《용인의 옛 성터》, 충북대학교 중원문화연구소, 1999; 《용인의 역사지리》, 고려대학교 민족문화연구소, 2000; 《용인의 마을의례》, 한국역사민속학회, 2000; 《용인의 불교유적》, 문화유산발굴조사단, 2001; 《용인의 분묘문화》, 용인대학교 전통문화연구소, 2001.

95) 호남문화연구소에서는 학술지 《호남문화연구》를 2013년 현재 제53집까지 냈다. 탐라문화연구소에서는 《탐라문화총서》라는 자료집, 《탐라문화연구총서》라는 연구서를 계속 내고 있다. 허남춘 외 《양창보심방 본풀이》(제주: 제주대학교 탐라문화연구소, 2010)가 《탐라문화총서》 25번이고, 김병택, 《제주예술의 사회사》(제주: 제주대학교 탐라문화연구소, 2011)가 《탐라문화연구총서》 10번이다. 서울시립대학교에는 서울학연구소가 있어 연구 업적을 계속 낸다. 자료를 정리하고 간행한 것 외에 장철수 외, 《서울의 사회풍속사》(1995); 권오만 외, 《종로: 시간, 장소, 사람》(2002) 같은 연구서가 있다.

도 있다.[96]

지금까지의 고찰은 미흡한 시도에 지나지 않는다. 지방학 자체에 관한 본격적인 연구가 당면 과제이다. 대구경북학을 수준 높은 학문으로 정립하고 바람직하게 발전시키려면 지방학 원론을 충실하게 갖추어야 한다. 세계의 지방학, 한국의 지방학, 대구경북의 지방학, 이 세 차원에서 기존의 업적을 비교해 고찰하고 문제를 발견하고 진로를 모색하는 작업을 일제히 하는 것이 마땅하다.

지역학과 지방학을 비교한 서두의 논의를 더욱 발전시켜 이 대목 논의의 마무리를 삼을 필요가 있다. 대구경북은 지역학의 대상일 수도 있고, 지방학의 주체일 수도 있다. 대구경북학회에 대구경북 지역학과 대구경북 지방학이 공존하는 것을 막을 수는 없다. 사람에 따라 다른 선택을 하는 것을 허용해 학회에서 지역학과 지방학을 함께 해도 잘못이 아니다.

그러나 지방학이 지역학보다 의의와 보람이 더 크고, 이론과 수준에서 상위의 학문이다. 지역학은 역사에 대한 관심이 없다. 근대학문의 한 분야여서 역사의식을 수반하지 않는다. 지방학은 근대를 넘어서서 다음 시대로 나아가고자 하는 역사의식을 가지

---

96) 김희곤, 《안동의 독립운동사》(안동: 안동시, 1999)에서 안동이 유교적인 의리의 고장이어서 독립운동의 '성지'였던 내력을 고찰했다. 김혜숙, 《제주도 가족과 궨당》(제주: 제주대학교 출판부, 1999)에서는 제주도민의 생활방식이 특이한 점을 해명했다. 임재해, 《안동문화의 전통과 창조력》(서울: 민속원, 2010) ; 《마을 문화의 인문학적 가치》(서울: 민속원, 2012)에서 지방 문화 연구의 방법과 의의에 관한 깊고 넓은 고찰을 했다.

고 새로운 역사철학 정립의 과제를 맡는 학문이다. 지역학은 수입학일 수 있지만, 지방학은 창조학이어야 한다.

지방학 원론에서 갖추어야 할 가장 긴요한 내용은 지방학의 세계사적 위상에 관한 자각이다. 지방학은 국가학에 대한 반론이고 대안이다. 중세에는 문명권학·국가학·지방학이 공존하면서 문명권학이 우위를 차지했다. 문명권·국가·지방의 삼중주권 시대라고 할 수 있는 중세를 청산하고 근대 국민국가가 일제히 등장해 단일 주권을 주장하자 국가학이 독주를 자행해 문명권학을 해체하고 지방학을 억눌렀다. 근대를 극복하고 다음 시대로 나아가야 할 때가 되어 국가 단일 주권을 세계·문명권·국가·지방의 사중주권으로 바꾸어놓는 길을 찾아야 한다. 중세의 삼중 주권을 부정한 근대를 부정해, 세계를 하나 더 보태 사중 주권을 이룩하는 부정의 부정으로 미래를 창조해야 한다. 전환을 위한 노력의 주역을 지방학이 담당한다.

지방학은 지방화와 세계화가 함께 진행되어 세계·지방화라고 하는 시대의 새로운 학문이며, 국가학의 독주를 제어하고 세계학으로 나아가는 길을 연다. 나는 2004년부터 2009년까지 5년 10개 학기 동안 계명대학교에서 세계·지방화시대의 한국학에 관한 공개강좌를 열고 책을 10권 내서 이런 주장을 폈다. 이에 대한 검증을 대구경북학회의 지방학 원론 정립을 위한 먼 여정에 나서는 예비작업으로 삼으면 소득이 있을 것이다.

통합학문을 향하여

근대학문은 국가학이면서 분과학이라는 이중의 특징을 가졌다. 문명권학을 해체하고 지방학을 억누르면서 국가학이 지배적학문으로 군림해왔다. 그러면서 학문의 분야가 세분되고 각기 독자적인 대상과 방법을 갖추어 종합적이고 총체적인 인식을 할 수 없게 되었다. 지방학은 국가학의 독주를 제어하면서 분과학을 넘어서는 길을 찾는 이중의 사명을 지니고 있다. 위에서 대구경북학은 여러 학문이 참여해 공동으로 이룩하는 이른바 학제간 학문이라고 하고, 학제간의 작업이란 무엇이며 어떻게 해야 하는가 하는 것이 원론 정립의 긴요한 과제이므로 맡아서 해결해야 한다고 했다.

학문의 분과로 나누어 독립시키는 것은 근대 유럽에서 선도해 온 세계가 따르게 된 변화이다. 그래서 학문 발전이 촉진되었다고 할 수 있지만, 그 공적은 사라지고 폐해가 심각해진 단계에 이르러 전환이 요망된다. 이런 인식을 유럽문명권에서 먼저 하고 갖가지 주장을 편다. 학제간 연구를 하자는 것만 아니고 다른 용어와 개념을 내세우는 논의도 여럿 있다. 그 상황을 알아보고 우리가 어떻게 해야 할 것인지 판단하는 것이 마땅하다.

분과학문의 경계를 넘어서서 여러 학문이 공동 작업을 하는 방식을 많이 나누고 일컫는 용어를 세분화한 책을 하나 들어 논의를 시작하자.[97] 학문 사이의 관계를 국가 사이의 관계에 견주어 협력이나 통합이 여러 단계로 진행될 수 있다고 했다. 하나씩 소개하면서, 국가 사이의 관계에 견주어 설명하는 말을 보태 이해를 돕기로 한다.

차용 활용(the cross-fertilizations of borrowing): 각 분야가 각기 자기 나름대로의 작업을 하면서 다른 분야에서 이룬 성과를 차용하는 방식이다. 이것은 독립국끼리 교역을 하는 것과 같다. **다학문**(multidisciplinary): 어떤 문제나 영역의 연구를 위해 여러 학문이 함께 참여하는 방식이다. 이것은 여러 나라가 특정 국가를 함께 원조하는 것과 같다. **학제간**(interdisciplinary): 여러 학문이 참여해 공동 작업을 하는 방식이다. 이것은 여러 나라가 관세 철폐 등의 방법으로 특별한 협력을 하는 것과 같다. **초분야**(transdisciplinary): 학문의 구분을 넘어서는 방식이다. 이것은 여러 나라가 모여 유럽 공동체 같은 것을 만드는 데 견줄 수 있다. **총체관점**(holistic view): 여러 학문이 하나가 되어 함께 움직이는 방식이다. 이것은 국가 통합과 같다.

이렇게 하면 구분이 제대로 되는가? 원칙적으로 가능한 구분이지만 실제의 경우에는 서로 겹치고 엄밀하게 나눌 수 없다. 이런 구분이 필요한가? 지나치게 나누어 도리어 혼란스럽다. 실제 작업에는 필요하지 않는 개념 유희라고 할 수 있다. 설명이 길고 복잡해 혼란스럽다. 개념을 많이 나누면 도움이 되지 않는다는

---

97) Julie Thompson Klein, *Crossing Boundaries: Knowledge, Disciplinarities, and Interdisciplinarities* (Charlottesville: University Press of Virginia, 1996)

것을 보여주었다.

프랑스에서 활동하는 루마니아 출신의 이론물리학자가 낸 저작에서 학문 통합의 단계를 나눈 것을 보자.[98] 길게 이어지는 서론이 관심을 끈다. 구체적인 논의에 앞서 문제 제기를 거창하게 했다. 연구 결과를 서로 이해하지 못해 학문 사이의 대화가 불가능하게 된 잘못을 시정해야 한다고 했다. 총체적인 시야를 상실한 개별적 지식이 전례 없이 증가하는 것은 문명이 몰락하고 있는 증거라고 극언하기까지 했다.

단일 학문(disciplinarité)은 한 학문의 관점을 지키는 것이다. 여기서 벗어나야 한다고 했다. 다학문(pluridisciplinarité)은 한 대상을 여러 학문에서 각기 이해하는 것을 두고 하는 말이다. 한 학문만으로는 힘이 미치지 못하던 사실을 알아낼 수 있으나 더 나아가기는 못한다고 했다. 학제간(interdisciplinarité)은 한 학문을 다른 학문에 적용하는 것이다. 적용의 등급이 사실, 방법 등으로 몇 가지 구분되지만, 그 어느 것도 불충분하다고 했다. 초분야(transdisciplinarité)는 학문의 경계를 넘어서는 것이라고 하고, 이것을 목표로 삼아야 한다고 했다. 현실 또는 대상 자체가 초학문의 성격을 지니고 있으므로 탐구하는 방법이나 논리 또한 개별 학문의 한계에서 벗어나야 한다고 했다. 초분야의 학문을 하는 것은 사회운동으로서도 소중한 의의가 있다고 했다. 새로운 연구

---

98) Basarab Nicolescu, *La transdisciplinarité, Manifeste* (Monaco: Éditions du Rocher, 1985)

가 문화, 종교, 국가 등의 구분을 넘어서는 관점을 제공할 수 있다고 했다.[99]

　이런 용어 가운데 어떤 것을 받아들일까 고민할 필요는 없다. 학문 분화를 수입했듯이 학문 통합을 다시 수입해야 하는 것은 아니다.[100] 학문 통합은 이미 갖추고 있는 유산이어서 발견하고 이어받으면 된다. 학문이라는 말 자체가 통합학문을 지칭한다. 유럽의 용어를 번역해 수입한 '과학'은 자연학문에 치우친 말이지만, 학문은 자연학문·사회학문·인문학문을 대등하게 포괄하고 있는 미분화의 용어이다. 자연과학·사회과학·인문학이라고 하는 것

---

99) 주장하는 바를 관철시키는 학문 운동을 위해 국제조직 초학문국제센터 (Centre International de Recherches Études Transdisciplinaires)를 만들었다. 창설 취지문에서 분야 세분에 의한 지식의 단편화로 사람을 이해할 수 없는 복합적인 세계 속에서 낯선 존재로 만들었다고 했다. 세계의 총체적인 이해를 가능하게 하는 새로운 학문을 해야 위기에서 벗어날 수 있다고 했다.

100) 미국에서 나온 Edward O. Wilson, *Consilience: the Unity of Knowledge* (New York: Vintage Books, 1999)가 널리 알려져 있는데, 위의 둘과 견줄 만큼 체계적인 견해를 갖춘 것은 아니다. 이런 책을 들고 나와 학문 통합론을 수입해야 한다고 하면 혼란을 일으킨다. 'consilience'는 모두 합쳐 함께 이해한다는 말인데 어원을 살려 번역하느라고 '統攝'이라고 하는 생소한 말을 사용할 필요가 없다. 진화생물학에서 출발해서 다른 모든 것을 함께 다루겠다고 하는 학문을 하고 있어서 '통합과학'이라고 일컫는 것이 적절하다. 자연학문에서는 이미 인정되고 있는 통합과학이 사회학문으로 나아가 마침내 인문학문까지 포괄해서 학문 대통일을 이룰 것이라고 했다. 자연학문에 치우치고 다른 학문의 독자성을 무시한 견해를 펴서 받아들이기 어렵고 실현 가능성이 의심된다.

들을 자연학문·사회학문·인문학문이라고 일컫고 학문을 함께 한다는 점을 명시하면 통합학문을 바로 이어받을 수 있다.

지방학의 연구 대상은 통합되어 존재하고 있어 통합된 시각으로 인식해야 한다. 인식의 통합을 요구하는 것만이 아니다. 앎과 삶이, 인식과 실천이 하나이게 한다. 앎과 삶을, 인식과 실천을 분리시킨 것이 유럽문명권에서 시작된 근대학문이 지닌 더욱 치명적인 결함이다. 이에 대해 많은 비판이 있어도 시정되지 않고 있는 것은 실천적인 대안이 없기 때문이다. 광범위한 논의를 펴는 거창한 이론은 이론의 위세를 더 높여 이론과 실천이 하나여야 한다는 주장을 더욱 공허하게 한다. 논의의 범위를 줄이고 자세를 낮추어 하는 지방학은 삶의 주체가 앎의 주체가 되어 실천에서 이론을 도출할 수 있으므로 정반대의 접근을 하는 유효한 대안이다.

학문 분야에 따라 참여 방식이 다를 수 있다. 사회학, 경제학, 정치학 등에서는 지역학을 하자고 하면서 오늘날의 현상을 각기 다른 관점에서 고찰하고 연구 방법 통합에는 소극적이다. 삶의 주체가 앎의 주체라는 인식은 하지 않고, 수입학을 방법으로 삼아 각기 자기 영역을 지키면서 최소한의 협동이나 하려고 하는 것이 예사이다. 근대학문의 우등생이어서 위세를 자랑하는 학문은 근대를 넘어서서 다음 시대로 나아가고자 하는 의지가 없게 마련이다. 그러나 언어, 예술, 민속, 사상 등을 고찰하는 학문 분야는 현황 파악에 그치지 않고 지방 문화의 과거를 탐구하고 전통을 해명하려고 노력해왔다. 근대학문의 판도에서 변두리로 밀려 있고 방법이 엉성해 불신되기도 하면서, 앎의 주체가 삶의 주체일 수 있게 하려고 노력한다.

방언이나 민요의 차이는 지방 구분의 결정적인 증거이고, 지방민이 자부심을 공유하는 의식의 기저를 이룬다. 사상의 유산에 대해 지나치다고 할 수 있을 만큼 애착을 가진다. 이런 것들이 지방학에서 맡아야 하는 무거운 짐이다. 이런 과제를 외면하거나 감당하려고 하지 않고, 사회학, 경제학, 정치학 등의 사회학문에서 하는 연구는 이론이나 방법에서 고민이 없는 것 같다. 복잡하게 얽혀 있는 과거와의 연결은 문제 삼지 않고, 오늘날의 현상에 대해 선명하게 정리되는 논의를 하는 데 그친다. 지방을 연구 대상으로 삼기만 하면 지방학을 하는 것은 아니다. 연구 주체의 혁신을 더욱 긴요한 과제로 삼고 연구 방법을 바꾸어야 한다.

과거와 현재, 주체와 대상, 학문의 여러 분야가 이어지고 합쳐지는 지방학을 어떻게 해야 할 것인가? 이에 관한 해답을 일거에 마련할 수는 없다. 학문 통합론을 수입하면 해결책이 생기는 것은 아니다. 갖가지 생소한 용어를 번역하고 개념을 정착시키려고 하는 노력은 분열을 확대하고 말 수 있다. 학문 통합의 이유나 의의는 분명하므로 길게 논의하지 말고 실천 방안을 찾아야 한다. 학문을 잇고 합치는 작업을 어디서 누가 나서서 선도할 것인가? 질문을 이렇게 바꾸어야 해결책이 생긴다.

사회, 경제, 정치 쪽 사회학문과 언어, 예술, 민속, 사상 쪽 인문학문의 거리를 좁히고 통합을 시도하는 방안을 마련하는 것이 구체적인 과제이다. 《동국여지승람》 이래로 여러 읍지에서 시문이나 전설까지 정리한 역사지리학의 오랜 전통을 이으면 크게 도움이 될 것이다. 역사학은 인문학문이면서 사회학문이어서 양쪽을 포괄할 수 있다. 역사학이 통합학문의 관점을 갖춘 총체사로 나아가면 여러 학문이 하나가 되는 길이 열린다. 그러나 이것은 아직 이상론이나 당위론에 지나지 않는다. 역사학은 사실을 시대적으로 정리하는 실증사학에 머무르고 있다. 지방사를 국사의 하위 영역으로 여기기나 하고, 국사를 넘어서는 새로운 역사로 나아가는 길을 열려고 하지 않는다. 거시적인 역사의식을 상실한 채 미시적인 작업이나 하고 있다.

문학 연구는 언어, 예술, 민속, 사상 쪽의 인문학문이다. 문학사는 예술사이면서 사회사여서 학문 통합을 선도할 수 있다. 학문을 어떻게 할 것인가를 두고 문학사에서 해온 고심에 여러 학문의 동참을 촉구하며 함께 길을 찾고자 한다. 근대를 넘어서서 다음 시대로 나아가는 학문 개척을 공동의 목표로 삼자고 한다. 이렇게 말할 수 있는 것은 내 스스로 해온 작업이 있기 때문이다. 내 고장의 구비문학 현지 연구에서 학문을 시작해 대구경북학의 모형을 마련하고 학문 통합을 위한 자각을 얻어, 문학사·철학사·사회사를 합치고[101] 더 나아가 초분야의 학문 일반론을 새롭게

---

101) 《철학사와 문학사 둘인가 하나인가》(서울: 지식산업사, 2000); 《소설의 사회사 비교론》(서울: 지식산업사, 2001)에서 진전된 성과를 제시했다.

이룩하기 위해 노력하고 있다.

無極·太極·陰陽·萬物이 하나이면서 여럿이라고 해온 것이 전통 학문 방법론의 기본 논리이다. 0·1·2·∞라고 하는 수학의 기호를 들어 말해보자. 0이 1이고, 1이 2이며, 2가 ∞라고 하고, 그 반대도 동시에 진실이라고 한다. 1이 2이므로 상극이, 2가 1이므로 상생이 생긴다고 한다. 그런 관계를 가장 단순한 데서 가장 복잡한 데까지 통괄해서 파악하는 열린 시야, 체계적인 방법을 生克論이 제공한다.

나는 생극론을 이어받아 문학 연구에서 출발해 인문학문을 혁신하고, 사회학문과 통합을 추구하고, 자연학문과도 화통하는 시도를 해왔다. 중간에 있는 사회학문을 거치지 않고 양극단의 인문학문과 자연학문의 관계를 바로 논의했다.[102] 상생과 상극의 관계를 (가) 상극이다가 상생이고 상생이다가 상극이다, (나) 상극이면서 상생이고 상생이면서 상극이다, (다) 상극이 상생이고 상생이 상극이다, 이 셋으로 이해하는 데 따라 인문학문과 자연학문의 관계가 달라진다고 했다.

(가)에서는 자연학문은 유력하고 인문학문은 무력하다. 인문학문이 무력한 만큼 자연학문이 더욱 유력해진다는 착각 때문에 학문 정책이 그릇될 수 있다. (나)에서는 인문학문이 그 나름대로 유력하다는 것이 입증되고 무용하다는 비난에서 벗어날 수 있다. 그 때문에 자연학문이 타격을 받는 것은 아니다. (다)에서는 양쪽

---

102) 《학문론》(서울: 지식산업사, 2012), 294-299면에서 전개한 논의를 간추린다.

다 유력하고 유용하다는 것이 밝혀진다. 인문학문에서 제공하는 창조력이 자연학문의 발전을 자극하고 촉진한다. 그러나 두 학문이 같아지는 것은 아니다. 인문학문과 자연학문은 상극이므로 상생이다. 이런 논의를 하는 데까지 이르렀다.

전통 계승과 재창조

대구경북학은 대구경북을 연구하는 학문일 뿐만 아니라, 대구경북에서 하는 학문이고, 대구경북의 전통과 역량을 발견해 계승하고 발전시키는 학문이어야 한다. 자기 지방을 연구하고 자기 지방에서 하는 학문이라는 점에서 모든 곳의 지방학과 같으면서, 대구경북의 전통과 역량에 남다른 점이 있어 특이한 가치를 지닌다. 이 점을 분명하게 해야 대구경북학 원론이 서론에서 본론으로 나아간다.

대구경북은 선비의 고장이라고 한다. 한국 정신문화의 수도라고 하는 곳도 있다. 이런 말을 하면서 李滉(1501~1570)을 정점으로 한 정통 유학의 전통을 자랑한다. 그러나 정통 유학을 이어받으면 대구경북학을 잘 할 수 있는지 의문이다. 이황은 朱熹를 받들면서 가치의 규범을 확립하고자 하는 依樣之學을 했다고 고인이 이미 평가했다.[103] 주희는 자기 나라 중국에서 이미 한물간

---

103) "退溪多依樣之味 故其言拘而謹 花潭多自得之味 故其言樂而放"(李珥, 〈答成浩原〉, 《栗谷全書》 1, 서울: 성균관대학교 대동문화연구원, 1971, 214면)

것으로 취급하고 이어받으려고 하지 않지만, 세계 철학사에서 재인식해야 한다.

유교문명권의 주희는 힌두문명권의 라마누자(Ramanuja), 이슬람문명권의 가잘리(al-Ghazali), 기독문명권의 아퀴나스(Thomas Aquinas)와 함께 현실과 근접시킨 이상을 합리적으로 추구해 중세의 규범을 재확립했다. 그렇게 해서 세계 철학사를 하나로 만든 업적을 재평가하는 것이 세계화 시대의 긴요한 과제이다.104) 이런 위치에 있는 주희를 자기 나라 중국에서는 이념이 달라져 대단하게 여기지 않는다. 역사적인 의의를 평가하려고 하지도 않는다. 우리도 주희는 되돌아보지 않고, 이황이 한국인이고 대구경북 사람이며, 행세하는 가문의 선조라는 이유에서 계속 높이 받들어 대구경북학을 왜소하게 한다. 선조 숭앙으로 학문이 손상되는 것을 극력 경계해야 한다.

대구경북의 선인들이 의양지학만 한 것은 아니다. 스스로 창조하는 학문인 自得之學을 元曉(617-686), 一然(1206-1289), 崔濟愚(1824-1864)가 6백 년 정도를 간격으로 이룩한 것을 알아야 한다. 이것이 대구경북학의 더욱 자랑스러운 전통이고, 대구경북학의 발전을 위해 한층 소중한 원천이다. 이 세 분 모두 후손이 받드는 것은 아니다. 원효의 후손은 어떻게 되었는지 알 수 없다. 일연은 후손이 없다. 최제우의 후손은 나서지 않는다. 남긴 유산

---

104) 《철학사와 문학사 둘인가 하나인가》, 219-365면에서 이에 관해 자세하게 논의했다.

이 후손 소유가 아니어서 누구나 상속할 수 있다. 그 혜택을 대구경북에서 먼저 누려 자랑스러운 학문을 할 수 있다.

원효는 경산 사람이며, 승려가 되어 경주에서 활동하면서 芬皇寺에 오래 머물렀다. 신라가 불교의 발전과 함께 절정에 이르렀을 때 사상을 가다듬고 쇄신하는 길을 제시했다. 불교 경전을 풀이하고 논하는《金剛三昧經論》등의 많은 저술을 해서, 여러 교파 사이의 다툼을 넘어서고, 귀족불교와 민중불교가 하나가 되게 하려고 했다. 광대의 춤을 추고 노래를 부르고 다니면서 깨우침을 촉구하기도 했다. 중국과 일본에 알려져 높이 평가되었다. 동서고금 탁월한 학자 본보기의 하나로 들어 고찰할 만하다.[105]

일연도 경산 사람이고, 승려가 된 것이 원효와 같다. 청도 雲門寺, 군위 麟角寺 주지 노릇을 했다. 몽골의 침공으로 나라가 위기에 빠지고 문화재가 소실된 시대에 민족의 각성과 소생을 위한 탐구를 하는 데 노력을 바쳤다. 각기 분리되어 서술되어온 역사서·고승전·설화집을 합쳐서 넘어서고, 민중의 전승을 적극 받아들여 민족문화를 재인식하는 논거로 삼아《三國遺事》를 지었다. 세계적인 범위에서 비교 고찰을 해보면 그 가치가 더욱 두드러진다.[106]

---

105)《세계·지방화시대의 한국학 9: 학자의 생애》(대구: 계명대학교출판부, 2009)에서 동서고금 탁월한 학자 12인 司馬遷, 元曉, 가잘리, 이븐할둔, 王夫之, 스피노자, 安藤昌益, 에르네스트 르낭, 비베카난다, 마르크 블로크, 라다크리슈난에 대해 고찰했다.

106) 이런 작업을 〈삼국유사의 비교대상을 찾아서〉,《세계·지방화시대의 한국학 6: 비교연구의 방법》(대구: 계명대학교출판부, 2007)에서 했다.

최제우는 경주 사람이다. 조선왕조가 운수를 다해 외세의 침공을 감당하지 못하자 後天開闢이라고 일컬은 대혁신을 이룩하는 길을 찾았다. 민중의 각성을 東學으로 집약해 儒佛道 삼교를 합치고 넘어서서 역사의 위기를 타개하는 활력으로 삼았다. 《龍潭遺詞》로 집성된 국문 가사를 지어 새로운 사상을 누구나 이해할 수 있게 전파한 것도 획기적인 의의가 있다.

이 세 분은 중국에서 전해진 동아시아문명을 재현하려고 하지 않고 민족문화와 통합하고, 상층의 지식과 민중의 저력을 합쳐 새로운 사상을 창조했다. 이런 전통이 대구경북을 넘어선 한국에서, 한국을 넘어선 동아시아에서, 동아시아를 넘어선 세계 전체에서 대단한 의의를 가진다는 사실을 비교 연구에서 분명하게 확인하기까지 하고 적극적으로 이어받으면 대구경북학의 비약이 보장된다. 지방학의 바람직한 모형을 마련해 세계의 지방학 발전을 선도하는 것이 최상의 비약이다.

이 세 분의 사상 창조를 이어받으면 할 일을 다 하는 것은 아니다. 창조를 가능하게 한 저력을 발견해야 한 걸음 더 나아간다. 기록되어 전하는 기록철학은 구비전승을 통해 창조되고 전승된 구비철학을 근거로 해서 이룩되었다는 사실을 알아야 한다. 이에 관한 논의는 설명으로 이어나가기 어려우므로 예증을 들기로 한다. 원효의 행적을 일연이 기록해 남긴 데 놀라운 자료가 있다. 《三國遺事》〈二惠同塵〉 대목을 보자. 惠空 스님이 경북 포항시 오천읍에 있는 오늘날 吾魚寺라고 하는 절에 있을 때, 원효가 여러 경전을 풀이하면서 매번 스님을 찾아가 의심나는 곳을 묻고, 희롱하는 말을 주고받았다고 했다.

어느 날 두 사람은 시냇가에서 물고기와 새우를 잡아먹고 돌바닥 위에 대변을 보았다. 혜공이 그것을 보고 "네가 눈 똥이 내가 잡은 물고기이다"라고 했다고 한다. 두 사람은 승려인데 살생을 하고 헛소리를 했으니 무슨 기이한 일인가? 이런 의심이 부쩍 들면 무엇을 말하는지 알아낼 수 있다. 똥과 물고기를 두고 네 것이 내 것이고, 내 것이 네 것이라고 했다. 진리 탐구는 혼자 하는 일이 아니고, 대화와 토론을 필수적인 방법으로 한다. 함께 하는 일이 뒤바뀌면서 하나가 된다. 그런 과정을 거쳐 마침내 피아가 구별되지 않는 경지에 이르러야 한다. 물고기가 똥이고 똥이 물고기이니 깨끗한 것이 더럽고, 더러운 것이 깨끗하다. 물고기는 깨끗하고 똥은 더럽다는 분별을 넘어서야 한다. 물고기가 똥이고 똥이 물고기라는 것은 한 걸음 더 나아가 삶이 죽음이고, 죽음이 삶이라는 말이다. 삶과 죽음의 분별을 넘어서야 하는 것이 더 큰 목표이다.

혜공은 무식이 유식이고, 논리를 넘어서야 각성에 이른다는 구비철학으로 원효를 깨우쳤다. 원효는 그 가르침을 받아들여 난해하게 얽혀 있는 불교 경전을 시원스럽게 풀어내는 논설을 탁월한 수준으로 쓸 수 있었다. 원효는 글을 쉽게 쓰려고 했어도 오늘날 우리가 읽기에게는 너무 어려워 이해하고 활용하기 힘들다. 원효가 구비철학을 받아들인 내력을 기록해 일연이 역사서·고승전·

설화집을 합쳐서 넘어선 업적을 해득하고 활용하는 것도 쉬운 일이 아니다. 그래서 길이 막히는 것은 아니다. 원효를 깨우쳐주고 일연이 기록에 올린 것과 같은 구비철학은 그 뒤에도 다양하고 풍부하게 이어지고 있어 쉽게 만나 바로 친해질 수 있다.

대구경북이 이황의 고장이라고 하면 표층에 머무른다. 원효·일연·최제우를 만나야 표층에서 벗어나 심층으로 들어가는 길이 열린다. 이름을 남기지 않은 민중이 구비문학에서 창조하고 전승한 사상의 유산을 발견하고 계승해야 심층에 이른다. 이 작업을 구도의 방법으로 삼아야 대구경북학이 통찰력 높은 학문일 수 있다.

대구경북은 구비문학이 풍부한 곳이다. 하회 마을에 남아 있는 것과 같은 탈춤의 원형이 어디든지 있었다. 기능이 살아 있고 사설이 소중한 민요가 많이 있다. 역사의식이나 사회의식이 두드러진 전설로 논쟁을 하는 것이 흔한 일이다. 이런 구비문학 조사 연구에 힘써야 대구경북학의 기초를 충실하게 갖춘다.

구비문학 유산 가운데 특히 주목할 만한 것이 인물 전설이다. 세상에 행세하는 상위의 유명인이 무명의 하위자를 만나 낭패를 보았다고 하면서, 지위와 학식의 역전을 보여주는 이야기이다. 다른 지방에도 있는 것이지만, 대구경북에서 특히 활발하게 구전되고 주장하는 바가 분명하다.《삼국유사》〈蛇福不言〉에 고형이라고 할 수 있는 것이 있다. 깨달음의 가장 높은 경지에 이른 고승 원효가 누군지 모를 사복을 만나 많이 모자란다는 것을 알아차리고 가르침을 받아야 했다. 사복은 아비 없는 자식이며, 말을 하지 못하고 땅에서 오랫동안 기어 다녔다고 했다. 이런 위인이 세상에 크게 이름난 고승 원효보다 슬기롭다고 해서 상식을 뒤집었다. 사복은 말이 없는데 원효는 말이 많고, 사복은 땅으로 돌아갔는데 원효는 하늘을 우러렀다고 했다.

다른 예를 더 들어보자. 천하의 명풍수 南師古는 자기 아버지 무덤 자리를 잘못 잡은 것을 달구질하던 아이가 넌지시 일러주어 비로소 알아차렸다. 李滉은 모자라는 여자를 아내로 맞이하고 망신을 당해도 개의하지 않으면서 살았다. 아우 柳成龍은 세상에 널리 알려지고 높이 평가되는 명재상이고 형 柳雲龍은 바보처럼 보이는 무명인이지만, 형이 숨어 있는 이인이어서 임진왜란을 예견하고 대처할 방도를 아우에게 일러주었다. 이름난 시인 申維翰보다 주막집 처녀나 말을 모는 하인이 한층 똑똑하고 시를 더 잘 지었다. 崔濟愚의 아버지 崔鋈은 과거에 거듭 낙방하자 한강에 투신하려고 하다가 빨래하는 여인이 "최옥은 아홉 번 낙방하고서도 말없이 돌아가는데, 당신은 몇 번 낙방했다고 죽으려고 하는가"라고 하는 말을 듣고 되돌아왔다.

이런 인물 전설이 말해주는 것을 몇 마디 말로 간추릴 수 있다. 표면과는 다른 이면이 있어 뒤집어보아야 한다. 지위나 학식이 헛된 줄 알아야 진실이 보인다. 높은 것이 낮고 낮은 것은 높다. 앎의 한계를 삶에서 극복한다. 유식 위의 무식이 논리를 넘어선 통찰이다. 이런 원리를 먼저 알아차리고 이어받는 데 대구경북학이 앞설 수 있고, 앞서야 한다.

연구의 실제

나는 대구경북의 구비문학 조사 연구에서 학문의 기초를 닦고 필요한 수련을 했다. 계명대학교에서 9년, 영남대학교에서 4년 재직하면서 경북 지방 여러 곳을 찾아가 민요와 설화를 채록하고 고찰하는 현지 연구를 가장 긴요한 일거리로 삼았다. 특히 중요한 작업을 소개하고 이룬 업적을 제시한다.

1969년 7-8월, 1970년 1-2월에 영양·청송·영천군으로 갔다. 북쪽에서 남쪽으로 뻗어 있는 길이가 약 80킬로미터, 폭이 약 20킬로미터의 계곡에서 전에 길쌈을 많이 하던 마을 10개를 찾아, 길쌈을 하면서 부르는 노래, 특히 이야기가 있는 민요를 채록했다. 길쌈은 중단되었지만 전에 하던 부녀자들이 남아 있고, 부르던 노래를 잘 기억했다. 영양군의 한 마을이 나의 고향이다. 고향이 아니라도 잘 아는 곳들은 접근하기 쉬웠다. 방언이 내가 배운 말이어서 이질감이 생기지 않게 할 수 있었다. 현지 조사를 잘할 수 있는 최적의 장소였다.

채록한 서사민요의 본보기를 하나 들면, 시집살이를 할 수 없었다, 중이 되어 떠나갔다, 친정으로 동냥 갔다, 시집에 돌아가 남편과 함께 살았다는 것이 있다.[107] 이밖에도 여러 유형이 있어

---

107) 이것을 '시집살이'라고 일컬었다. '우리선비', '진주낭군', '첩의집에', '부모죽은', '삼촌집에', '이내방에', '한번가도', '신부죽은', '니행실이', '큰쾌자를', '주은댕기', '생가락지', '옥단춘아'라고 명명한 것들도 있다.

14개로 정리되었다. 14개 유형을 반복해 조사해 170편의 자료를 얻었다. 이에 대해서 장르론, 유형론, 문체론, 전승론 등의 고찰을 했다.[108]

1977년 8월에는 경상북도 영덕군 영해면 5개 마을에 가서 다른 방법으로 현지 조사를 했다. 앞의 조사에서는 동질적인 것을 거듭 확인했는데, 이번에는 이질성을 찾는 데 더욱 힘썼다. 조사 대상이 전설이고, 전설은 서로 다른 처지나 생각이 달라 논란을 벌이는 이야기이기 때문이다. 영해면 소재지 일대에는 가까운 거리 안에 과거에 민촌·아전촌·반촌이었던 곳이 있고, 민촌의 생업이 각기 농업·어업·상업이다. 마을마다 있는 사랑방 이야기판을 찾아다녔다. 그 고장 역사적 인물이거나 그 고장 사람들이 잘 알고 있는 인물에 관한 전설을 이야기판에 따라서, 이야기하는 사람마다 어떻게 다르게 말하고, 어떤 논란을 벌이는지 조사했다. 목표로 하는 현지 연구를 할 수 있는 최적의 장소에서 쉽게 성과를 올렸다.

선택된 인물은 김부대왕, 박세통, 우탁, 나옹, 박경보, 남사고,

---

108) 얻은 결과를 《서사민요연구》(대구: 계명대학출판부, 1970)로 출간했다. 앞은 연구편이고 뒤는 자료편이다. 계명대학교에 출판부가 생겨 처음 낸 책이다. 이미 다룬 비극적 서사민요와는 다른 자료에 관해 논의한 〈희극적 서사민요 연구〉를 추가해 증보판을 냈다. (1983) 그 전후의 시기에 경상북도 여러 곳에서 다른 여러 민요도 조사했다. 자료와 논의를 함께 갖춘 《경북민요》(대구: 형설출판사, 1977)를 내고, 《한국민요의 전통과 시가율격》(서울: 지식산업사, 1996)에 수록했다. 두 작업은 보완관계에 있다.

지체 높은 분들, 신유한, 방학중, 신돌석이다. 신라 시대부터 최근까지의 인물이 망라되었다. 신라의 마지막 인물 경순왕을 김부대왕이라고 하면서 아주 잘 아는 사람으로 취급했다. 박세통에서 나옹까지는 고려 시대 인물이다. 박세통은 관원이고, 우탁은 유학자이며, 나옹은 승려이다. 조선 시대 인물인 박경보는 효자이고, 남사고는 도사이고, 신유한은 시인이다. 지체 높은 분들이라고 한 곳에서 여러 양반을 함께 다루었다. 근래의 인물인 방학중은 건달이고, 신돌석은 의병장이다. 다양한 성격의 인물이 망라하고, 이야기하는 집단이나 개개인이 가치관 논란을 전개했다.[109]

1979년 2월에는 경상북도 월성군(현재는 경주시) 현곡면 가정리에 갔다. 동학을 창건한 崔濟愚의 마을이다. 설화와 민요를 다양하게 조사한 자료 가운데 최제우에 관한 전설이 특히 소중한 성과였다. 최제우 이야기는 아버지 崔鋈, 친척 崔琳에 관한 전승과 연결되어 대조적인 관계를 가졌다. 글공부를 해서 과거에 거듭 낙방하기만 한 최옥, 도술을 익혔어도 쓸데가 없는 최림의 실패를 뒤집고, 최제우는 득도하는 길을 택했다는 것을 알았다. 현

109) 인물 하나하나에 대한 논란을 자료를 들면서 고찰하고, 총론을 뒤에 붙였다. 총론을 구조적 이해, 사회적 이해, 역사적 이해로 구성해, 《인물전설의 의미와 기능》(경산: 영남대학교출판부, 1979)을 출간했다. 영남대학교에 민족문화연구소가 생겨 영남 지방 전통문화에 대한 현지 연구를 전작 저서로 내기로 한 데 참여한 첫 업적이다. 내가 연구소 실무를 주관했다. 이수건, 《영남 사림파의 형성》; 정순목, 《한국 서원교육제도 연구》; 최명옥, 《경북 동해안방언 연구》; 권병탁, 《전통 도자의 생산과 수요》가 이어져 나왔다.

지 조사 성과를 문헌 자료와 견주어 살피고, 자연 발생적인 설화와 교단에서 공식화한 기록의 차이를 고찰해 알려진 사실의 이면으로 들어갔다. 왜 동학을 창건했으며 동학이 어떤 의의를 가지는가 하는 의문에, 교단에서 교리화해서 고정시키기 이전의 생동하는 전승이 더욱 설득력 있게 응답해준다는 것을 밝혀냈다.

교단에서 기록한 문헌에서는, 최제우가 금강산에서 우연히 찾아온 승려가 전해준 무언지 모를 天書를 읽고 득도하게 되었다고 했다. 그렇다면 동학 창건은 유래가 우연하고 기이하다. 공감해야할 이유가 없다. 최제우가 직접 지은 노래 〈몽중노소문답가〉에서는, 잘못된 세상을 바로잡고자 하는 간절한 소망을 지니고 금강산 상상봉에 올라가 後天開闢 上元甲의 새 시대가 시작되는 것을 알고 세상에 전파한다고 했다. 필연적인 각성을 예사롭지 않은 충격을 주는 노래로 나타내 믿고 따르도록 했다. 그때의 열기가 현지에 아직 남아 있다. 마을 사람들이 최제우를 직접 알고 있는 사람인 듯이 이야기하고 지은 노래를 지금도 부른다. 안으로 깊숙이 들어가야 실감 나게 이해할 수 있는 사실이다.[110]

위에서 든 세 작업은 최적의 장소에서 이루어진 현지 조사이다.

---

110) 얻은 성과를 《동학 성립과 이야기》(서울: 홍성사, 1981)라는 이름의 단행본으로 내놓았다. 채록한 자료를 표준어로 바꾸어 인용하고, 원문은 《한국구비문학대계》 7-1 (성남: 한국정신문화연구원, 1980)을 보도록 했다. 책이 얼마 되지 않는 분량이므로 전문을 《민중영웅 이야기》(문예출판사, 1992)에 수록했다. 연구편과 자료편을 합쳐 《동학성립과 이야기》(서울: 도서출판 모시는사람들, 2011)를 다시 냈다.

노동요로 전승되는 서사민요, 역사적 인물을 두고 논란을 벌이는 전설, 새로운 종교가 생겨나는 현장의 전승은 한국에 국한되지 않고 세계적인 보편성을 가진 자료이다. 조사할 수 있는 곳이 세계 도처에 있겠지만, 여러 가지 조건을 더 잘 갖춘 곳을 찾기는 어려울 것이다. 경북의 지방 문화는 세계 학문을 발전시키는 데 적극 기여할 수 있어 아주 소중하다.

먼 나라, 생소한 곳에 가서 조사 연구를 하기에 좋은 조건을 갖춘 현지를 찾기 위해 애쓰는 사람들이 적지 않지만 여기까지 오지는 못했다. 외국인은 물론 외지 사람도 몰라서 접근하기 어려운 곳이다. 자료를 만나도 속내까지 알아 깊이 있는 고찰을 하는 것은 기대할 수 없다. 나는 그 속에서 나고 자라고 일하고 있으니 얼마나 행복한가. 세계가 부러워하고 따르는 연구를 할 수 있는 자격을 타고났다.

자격을 타고났으면 저절로 좋은 결과를 얻을 수 있는 것은 아니다. 조사하고 연구해 무엇을 해명하고자 하는가 하는 문제의식을 분명하게 하고 연구 방법을 잘 갖추어야 자료의 가치를 제대로 발현할 수 있다. 연구 결과가 사실 고찰에 그치지 않고 이론 정립에까지 이르러야 한다. 이론 정립이 학문의 목표이고, 사실 고찰은 그 과정이거나 수단이다.

사실과의 관계에서 이론은 세 등급으로 나누어진다. (가) 특정 사실에서 발견된 이론, (나) 여러 사실에서 타당성을 가지는 이론, (다) 취급 대상을 최대한 확대하는 포괄적인 이론이 있다. (가)는 아직 이론이기에는 부족하고, (나)는 이론일 수 있는 필요조건을 갖추고, (다)는 충분조건까지 갖춘 일반 이론이다. (다)가 목표라고 해서 바로 이를 수 있는 것은 아니다. (다)는 (나)에서 이루어지고, (나)는 (가)를 출발점으로 삼는 것이 예사이다. 지방 문화 연구는 (가)를 생동하고 심오하게 이룩할 수 있어 (나)를 거쳐 (다)에 이르는 확대와 발전이 보장된다고 할 수 있다.

일반 이론 창조는 학자의 소망이다. 우리 학문이 아직 그 단계에 이르지 못한 것을 개탄하는 말을 자주 듣는다. 세상이 온통 달라져야 한다고 요구하지 말고, 스스로 길을 열어야 한다. 수입해 온 이론을 적용하고 가공해 더 나은 것을 만들어 재수출하겠다는 망상을 버려야 한다. 우리 문화를 깊이 연구해 인류 공통의 창조력을 밝히고 키우는 것이 가장 확실한 출발점이다.

전국을 일거에 감싸려고 하지 말고, 가까이 있어 가장 잘 알 수 있는 지방 문화의 구체적인 양상을 집중적인 연구 대상으로 삼아야 한다. 과거와 현재를 연결시키고, 문헌과 구전이 보완작용을 하도록 하고, 체험과 논리를 함께 키워야 한다. 그래서 얻은 결과를 다루는 대상을 넓혀 적용하고 비교해 연구 작업을 한국·동아시아·세계학으로 확대하는 것이 마땅하다.

이런 작업에서 특수성과 보편성에 관한 오랜 논란이 해결된다. 보편성을 그 자체로 숭상하고, 특수성이 또한 필요하다고 해서 둘이 따로 놀게 하는 잘못을 되풀이하지 말아야 한다. 보편성을 새롭게 탐구하고 바람직하게 발전시키려면 남다른 능력인 특수성이 있어야 한다. 그것을 지방 문화 연구에서 얻는 길이 가장 빠르고 확실하다.

성과 재검토

《서사민요연구》에서 한 작업을 율격론을 본보기로 들어 재검토해보자. 율격에 관한 그 전의 견해는 늘 빗나갔다. 일본의 자수율, 영시의 강약율이나 따르려고 하고, 우리말 노래의 실상을 외면했기 때문이다. 글로 쓴 자료가 아닌 말로 전하는 자료를 분석해야 타당한 결과를 얻는다고 깨닫지 못하고 있다가 결정적인 전환을 마련했다.[111] 조사 대상으로 삼은 서사민요라는 특정 사실에서 발견된 원리를 근거로 삼아, 한국 시가 전반에서 타당성을 가지는 이론을 마련했다. 거기서 더 나아가 동아시아 여러 민족의 경우를 함께 다루고 서로 비교하고, 취급 대상을 세계 전역으로 확대하는 일반 이론을 창조했다. 이미 한 작업을 연속시키면서 원래의 성과를 줄곧 중심에 두었다.

서사민요는 '고난', '해결의 시도', '좌절', '해결'이 이어져 나오

---

111) 그 뒤를 이어 《한국민요의 전통과 시가율격》(서울: 지식산업사, 1996)에서 전반적인 고찰을 했다. 이미 밝힌 원리를 《한국문학통사》(서울: 지식산업사, 제4판 2005)에서 활용해 율격의 형성과 변천을 문학사의 전폭에 걸쳐 고찰했다. 《하나이면서 여럿인 동아시아문학》(서울: 지식산업사, 1999)에서는 동아시아 다른 나라의 경우와 비교해 고찰했다. 《세계문학사의 전개》(서울: 지식산업사, 2002)에서는 다른 여러 문명권의 경우까지 다루었다.

는 단락 구조를 가지고 있다. 어려운 조건을 무릅쓰고 사람답게 살아가려고 하는 의지를 나타낸다. 인물 전설은 '고난', '해결의 시도', '좌절', '해결의 시도', '좌절'로 이루어진 것이 예사이다. '좌절' 다음에 '해결의 시도'가 한 번 더 있고, 결말은 '좌절'이다. 고난이나 좌절이 더 커서 극복하지 못하고 패배한다. 차이점에 대해서 두 가지 이해가 가능하다. 서사민요는 자아의 민담적 가능성을 보여주고, 인물 전설은 전설 일반의 특징인 세계의 횡포에 의한 자아의 패배를 나타낸다. 서사민요는 개인의 삶을 다루지만, 인물 전설에서는 역사적이고 사회적인 갈등을 문제 삼는다. 이러한 사실을 근거로 서사문학의 여러 모습에 대한 포괄적인 이론을 마련할 수 있다.

인물 전설에서 발견한 중요한 사항은 '구조의 층위'이다. 이야기가 진행되는 동안에 처음 예상한 것과 다른 층위가 나타나 방향이 달라진다. 신유한에 관한 이야기에는 세 층위가 있다. 층위1에서는 신유한은 과거에 급제한 인물인데 서자로 태어난 것이 아깝다고 한다. 층위2에서는 신유한은 서자로 태어났으므로 적자인 일가친척보다 뛰어날 수 있었다고 한다. 층위3에서는 신유한보다 더 천하게 태어났으므로 더욱 뛰어난 인물이 얼마든지 있다고 한다.

신유한을 어느 층위에서 이해하는가는 이야기를 하고 듣는 사람이 선택한다. 하층일수록 아래의 층위를 선호한다. 그 때문에 집단 또는 개인 사이에 논란이 일어난다. 구조가 고정되어 있지 않고 상황에 따라 달라져, 현장론적 구조분석이 필요하다. 인물

전설에 대한 조사 연구와 병행해서 소설을 문제 삼았다.112) 그러는 동안에 철학적 근거를 生克論에서 가져오는 이론을 마련했다. 서사문학 이해에서 심각하게 문제되어온 논란에 대한 포괄적인 해결을 생극론이 가능하게 한다.

율격론에서는 서사민요에서 한국 시가 전반으로, 다시 한국에서 동아시아를 거쳐 세계로 나아가는 작업이 연속되었다. 그런데 인물 전설론에서 소설론으로 나아간 과정은 연속이 아닌 대응을 기본 원리로 삼았다. 서사 구조에서 전개되는 논란을 계속 문제삼으면서, 새로운 관심사로 부각되는 소설의 이론을 마련하는 데힘을 기울였다. 전설과 소설은 서사문학의 다른 갈래여서 서사문학의 공통점을 상이하게 구현한다.

서사문학은 자아와 세계의 대결을 가치관의 논란을 갖추어 전개하는 것을 공통된 특질로 한다. 그러면서 전설은 자아에 대한세계의 우위가 전제되고, 소설에서는 자아와 세계가 상호 우위의관계를 가진다. 전설에서 이야기를 하고 듣는 사람들이 벌이는논란을 소설은 작품에서 구현한다. 인물전설 조사연구에서 개발한 현장론적 구조분석을 소설론에서는 작품이 창작과 소비의 양면과 연관되어 있는 양상에 관한 문학사회학적 고찰로 확대해야했다. 인물전설을 두고 작은 범위에서 정립한 논의를 한 시대나사회에 대한 포괄적인 이해에 전용해 대응이 되는 소설 이론을

---

112) 《한국소설의 이론》(서울: 지식산업사, 1977)에서 시작한 소설론을 《소설의 사회사 비교론》(서울: 지식산업사, 2001)으로 발전시켰다.

마련할 수 있었다.

인접한 다섯 마을에서 그 고장의 인물 전설을 어떻게 이야기하는지 조사해 밝힌 성과를 최대한 확대해 세계 일주를 했다. 한국, 아시아 다른 나라, 유럽, 아랍, 아프리카, 라틴아메리카 등지에서 소설의 문제작을 광범위하게 찾았다. 고찰의 시각을 다양하게 잡아 소설의 전모를 입체적으로 파악하고자 했다. 인물 전설 조사 연구에서는 성격이 다른 마을들 사이의 견해차로 벌어진 논란을 문제로 삼았는데, 소설사에서는 고찰의 단위를 최대한 확대해 동아시아·유럽·제3세계의 대결을 파악하고 그 추이를 밝혀야 했다. 동아시아소설이 앞서다가 유럽소설이 추월하고, 제3세계소설이 선두에 나서는 과정을 거쳐 선진이 후진이 되고 후진이 선진이 되었다. 그것이 생극론에 입각한 전개이다. 선진과 후진의 구분이 생극론의 구현 여부로 판정된다.

소설은 생극론을 구현하면서 등장했다. 그런데 중간에 상생과 상극이 서로 어긋나는 사고가 생겼다. 상극만의 소설, 상극과는 이질적인 상생을 갖춘 소설이 나타난 것은 그리 심한 일탈이 아니다. 유럽에서 상극을 피해 나가고자 하는 여러 부류의 작품이 생극 구조를 해체해 소설을 망친 것이 더 큰 문제이다. 그런 위기를 극복하는 대안은 생극 소설을 되살리는 것이다. 제3세계에서 널리 시도하고 있는 생극 소설 창조의 과업을 아프리카에서 특히 모범이 되게 수행해 아프리카소설이 세계사의 희망이게 한다. 세계의 경제사나 정치사에서는 아프리카가 희망일 수 없고 절망의 이유가 된다.

절망의 이면에는 희망이 있으며, 절망이 바로 희망이기도 하다. 아프리카의 절망적 상황에서 인류 전체가 희망을 가지게 하는 위대한 소설이 자라나고 있다. 가장 처참하게 절망해야 할 곳에서 가장 희망에 찬 소설이 이룩되는 것이 당연한 이치이다. 유럽문명권 제1세계는 경제적인 번영과 정치적인 발전을 자랑하고 있어 소설이 망쳐진 것과 정반대의 상황이 그렇게 나타나고 있다. 인류 역사는 그처럼 극적인 대조를 거치면서 예상하지 못할 반전을 거듭해왔다.

최제우의 득도에 관해서도 재검토할 사항이 있다. 현지에서 전하는 이야기나 최제우가 지은 노래에서는 말하고자 하는 내용과 말하는 방식이 하나를 이루었다. 말하고자 하는 내용이 사상이나 철학이라고 하면서 분리되어 나가지 않고, 말하는 방식은 문학이라는 이름을 내걸고 딴집살이를 하지 않았다. 둘이 하나여서 철학이 문학이고 문학이 철학이므로 혁신을 이룩하고 감동을 줄 수 있었다. 그것이 바로 득도의 실상이다.

인류 역사를 널리 살피면 그런 시기는 많지 않았다. 득도를 해서 새로운 것을 말할 때에는 언제나 그랬지만 그 내용이 교리화되면서 문학의 자유로움을 배격했다. 철학과 문학이 나누어지는 불행한 시대가 시작되었다. 행복하던 시대의 마지막 소식을 최제우가 전한다. 종교의 창건자들이 모두 거쳤겠으나 사라지고 만 과거를 최제우가 생생하게 보여준다.[113] 이 사례는 새삼스러운 것들이 아니지만 접근하는 시각이 새로워 크게 내세울 만한 업적을 이룩했다고 자부한다. 학문의 역사에서 하원갑의 괴질을 치유하고 상원갑의 大道를 열었다고 하면 지나친 말일지 모른다. 최제우의 득도와 현장에서 만나 내 나름대로 득도한 바 있어 전에 누구도 하지 않은 작업을 과감하게 시도했다.

율격 이론에서는 연속, 서사 구조와 가치관 논란은 대응의 원리를 갖추었다고 했다. 이 경우는 그 둘과 달라 선행 작업을 전용했다고 할 수 있다. 선행 작업을 구체적인 내용은 가져오지 않고 기본 원리의 차원에서만 활용해, 다루는 대상에서는 상당한 차이가 있는 새로운 연구를 진행했다. 연속·대응·전용의 방법에 관한 일반론을 이룩할 필요가 있다. 철학과 문학은 합쳐지기도 하고 다시 나누어지기도 하는 과정을 되풀이했다. 그 과정이 어떻게 전개되어왔는지 한자문명권·산스크리트어문명권·아랍어문명권·라틴어문명권의 경우를 모두 들어 자세하게 고찰하고 오늘날의 상황을 문제 삼았다. 철학과 문학의 분리가 극도에 이르러 둘 다 생기를 잃은 잘못을 시정하기 위해 그 둘이 하나였던 시기를 되

---

113) 그런 생각을 오래 하고 있다가, 철학과 문학이 합치고 갈라진 양상을 통괄해서 고찰하는 작업이 필요하다고 판단해 많은 준비를 하고 《철학사와 문학사 둘인가 하나인가》를 이룩했다. 최제우 연구에서 얻은 문제의식을 멀리까지 확장시켜 서로 무관한 것 같은 일을 했다. 최제우와 유사한 새로운 종교 창건자들의 사례가 여럿 있어 비교고찰을 할 수 있기를 바랐으나 만족할 만큼 찾아내지 못했다. 적절한 짝이 없어 최제우는 빼놓고, 철학과 문학의 관계를 널리 알려진 사례를 들어 논했다.

돌아보고 미래를 전망하기까지 했다.

오늘날의 철학은, 이성이 다른 정신 활동에서 분리되어 독점적 의의를 가지도록 하면서 문학에서 아주 멀어졌다. 이성에서 통찰로 나아가고, 철학과 문학을 함께 해서, 철학이라는 것이 따로 없어 사람이 살고 활동하는 모든 행위가 철학일 수 있게 해야 한다. 새로운 창조의 원천을 여러 문명권에서 고루 가져와서 인류의 지혜를 한데 합쳐야 한다.

지방 문화 연구는 잘 알 수 있는 사례의 밀도 짙은 경험으로서 소중한 의의가 있다. 득도에 견줄 수 있는 각성의 기회를 제공한다. 전통문화를 생동하게 잇고 있는 최상의 명소에서 태어나 학문을 하는 좋은 조건 덕분에 나의 연구가 크게 성장한 것을 감사하게 생각하고 널리 자랑한다.

지방 문화는 현지에서 조사해 연구해야 한다. 과거와 현재를 연결시키고, 문헌과 구전이 보완 작용을 하도록 하고, 체험과 논리를 함께 키워 그 어느 한쪽에 치우친 연구의 폐단을 시정해야 한다. 그래서 얻은 결과가 그 자체로 소중하다고 하는 데 그치지 말고, 작업의 범위를 넓혀 연구의 의의를 확대해야 한다.

전국적인 범위에서 인정되는 타당성을 확보하고, 외국과 비교 연구를 거쳐 세계화하는 이론을 창조해야 한다. 학문의 역사를 바꾸어놓을 만한 일반 이론 창조를 위한 최상의 출발점이 자기 고장의 지방 문화이다. 보편성을 새롭게 탐구하고 바람직하게 발전시키려면 남다른 능력인 특수성이 있어야 한다. 그것을 지방

문화 연구에서 얻는 길이 가장 빠르고 확실하다.

지방 문화 조사 연구에서 시작한 작업을 확대해 이론을 발전시키는 방법에는 연속, 대응, 전용 등이 있다. 서사민요 연구에서 시작한 율격론은 연속의 사례이다. 이미 한 작업을 연속시키면서 원래의 성과를 줄곧 중심에다 두었다. 인물 전설에서 소설로 넘어와 대응 이론을 마련했다. 서사 구조에서 전개되는 논란을 계속 문제 삼으면서, 새로운 관심사로 부각되는 소설의 이론을 마련하는 데 힘을 기울였다. 최제우의 득도를 고찰하다가 철학과 문학의 관계를 논한 것은 전용의 본보기이다. 선행 작업을 구체적인 내용은 가져오지 않고 기본 원리의 차원에서만 활용해, 다루는 대상에서는 상당한 차이가 있는 새로운 연구를 진행했다.

세 연구가 세 방법을 각기 보여주는 본보기이다. 미리 작정하지 않고 한 작업이 좋은 결과를 가져왔다. 세 방법에 대해 많은 검토를 해 풍부한 내용을 갖춘 일반론을 정립해야 하고, 다른 방법도 찾아야 한다. 연구 내용 못지않게 연구 방법이 소중하다. 연구 방법론 정립이 일반 이론을 목표로 삼는 학문의 선결 과제이면서 또한 최종 성과이다. 수입학을 넘어서서 창조학을 하려면 방법과 이론의 관계를 새롭게 깨달아 명시한 학문 원론을 갖추어야 한다는 것을 다시 확인할 수 있다.

마무리

지금까지 고찰한 성과를 근거로 대구경북학의 진로에 대한 소견을 말하기로 한다. 대구경북학을 잘하려면 원론을 갖추어야 한다고 했다. 대구경북학은 지방학이어야 하므로 대구경북학 원론은 지방학 원론이어야 한다. 대구경북학은 통합학문이어야 하므로 대구경북학 원론은 통합학문 원론이어야 한다. 대구경북학은 전통 계승학이어야 하므로 대구경북학 원론은 전통 계승학 원론이어야 한다. 지방학·통합학문·전통계승학을 한꺼번에 하는 학문 원론은 전례가 없는 새로운 창조물이어야 한다. 이 작업을 해내는 대구경북학은 세계 학문 발전의 새로운 길을 연다.

원론 정립은 실제 연구와 병행해서 해서 서로 도움이 되면서 학문 발전을 위한 통찰력을 함께 키워야 한다. 원론 정립에 관해서는 당위론을 전개할 수 있지만, 실제 연구는 예증이 있어야 하므로 내가 한 작업을 들어 고찰했다. 대구경북에서 전승해온 소중한 자료를 직접 체험해 축적한 인식을 바탕으로 하고, 학문의 전통을 살려 깊이 있게 고찰하면 대구경북의 범위를 넘어서서 넓고 크게 기여하는 연구를 할 수 있다. 한국학을 혁신하고, 광범위한 비교 고찰을 거쳐 일반 이론으로 정립해 세계 학문의 신경지를 개척한다. 이럴 수 있다는 것을 더 잘 입증하는 작업의 확대가 요망된다.

원론 정립과 실제 연구 양면에서 이런 학문을 하는 것이 대구경북학의 사명이다. 대구경북학회 참여자들이 사명과 진로에 대한 견해를 공유하고 탁월한 역량을 키우고 발휘하면 학문의 새로운 경지를 개척할 수 있다. 대구경북이 국내에서 학문의 수도이게 하는 데 그치지 않고, 세계 학문 발전을 위한 새로운 진원지가 되는 데까지 나아가야 한다. 이것은 지나친 희망이라고 나무랄 수 있으므로, 가능성을 구체화하는 세 가지 사항을 들어 응답을 삼기로 한다.

이제 근대를 넘어서서 다음 시대로 나아가는 학문을 해야 할 때가 되었다. 근대학문을 이룩한 유럽문명권이 아닌 다른 문명권에서 전환을 주도하는 것이 마땅하다. 다른 문명권 가운데 동아시아가, 중심부인 중국과 주변부인 일본 사이의 중간부인 한국이 특히 큰 기여를 할 수 있다. 한국에서도 근대학문은 뒤떨어진 지방이면서 전통 학문의 탁월한 전통을 지닌 대구경북이 역전에 앞서는 것이 마땅하다.

대구경북학회의 결성과 활동에서 보여주는 대구경북 학자들의 단합과 헌신이 새로운 학문을 할 수 있는 활력이다. 경쟁을 능사로 삼아 이권이나 추구하지 말고 공동의 노력을 보람으로 삼고 힘을 모으면 역량이 확대된다. 문호를 넓혀 대구경북학과 직접 관련을 가지지 않는 듯한 분야의 참여까지 요청해 이론 정립과 비교 연구를 위해 힘쓰는 것이 마땅하다. 개인 연구·협동 연구·공동 연구를 적절하게 활용하고 연결시키는 지혜도 필요하다.

대구경북은 근대화에 뒤떨어져 낙후한 곳이다. 그래서 생긴 좌절감을 근대를 넘어서는 새로운 학문 창조를 선도한다고 널리 알려 극복하는 것이 최상의 방안이다. 전통 학문의 훈기가 사라지지 않아 학문에 대한 존경과 기대가 아직 남아 있는 것이 호응을 얻을 수 있는 유리한 조건이다. 대구경북학의 새로운 창조를 널리 알리고 토론을 기대하는 강의를 대학 안팎에서 열심히 하면 전환의 성과가 확대된다.

붙임114)

나는 경상북도 영양군 일월면 주곡리 주실 사람이다. 뒤의 일월산은 1,212미터, 앞의 흥림산은 767미터인 산골이다. 영양은 경북에서도 가장 낙후한 곳이다. 근래에는 인구가 1만 5천 정도로 줄어들고, 재정자립도는 전국 시군 가운데 최하위이다. 학문을 하는 데는 최악의 조건을 갖춘 것 같지만 사실은 그 반대이다. 자립학을 근거로 삼아, 수입학을 넘어서서 창조학을 할 수 있게 하는 전통문화 특히 민속문화를 풍부하게 지닌 곳이다.

나는 불문학을 하다가 국문학으로 전공을 바꾸었다. 민속문화 연구에 뜻을 두어 탈춤의 원류를 찾고, 민요를 조사하려고 우리 마을부터 먼저 찾았다. 그때 "공부를 하려고 고향을 떠났는데, 공부란 다름이 아니라 고향으로 돌아가기 위한 멀고 험한 길이라는

---

114) 2014년 5월 17일 국립민속박물관에서 〈나의 학문과 민속문화〉라는 강연을 할 때 원고 서두에 적은 말을 자구 수정을 좀 하고 옮긴다.

것을 알았다. 이 무슨 기이한 말인가?"라고 하던 말이 《우리문학
과의 만남》(1978)이라는 책에 있다.

대구에서 고등학교를 마치고 서울에서 대학에 진학해 불문학
을 전공했다. 그쪽의 문학작품을 탐독하면서 특히 상징주의에 심
취해 행복한 나날을 보내다가, 4·19를 겪고 꿈에서 깨어난 것 같
은 충격을 받았다. 불문학 공부를 계속해 무엇을 얻을 수 있는
가? 삶의 보람을 충만하게 하고 역사를 스스로 창조하는 길을 어
디서 찾아야 하는가? 불문과를 졸업하고 대학원에 입학했다가
휴학하고 도서관에 틀어박혀 독서 여행으로 세월을 보냈다. 언어
와 학문의 경계를 넘어서서 기약 없이 헤매고 다녔다.

그러다가 송석하의 《한국민속고》를 발견했다. 송석하가 남긴
글을 사후 12년이 되는 1960년에 모아 낸 책이 1962년에 나를 인
도했다. 민속극을 처음 만나는 놀라움을 경험하고, 〈봉산탈춤〉
대본을 읽고 "바로 이거다!" 하고 외쳤다. 공연을 보고 발견의 의
의를 재확인했다. 우리 것이어서 소중하다고 하고 말 일이 아니
었다. 상징주의마저 버리고 초현실주의까지 나아가 사멸하게 된
예술을 살려내는 광명, 발랄하게 생동하는 대안, 인류를 위한 구
원의 길이라고 할 것이 거기 있다고 생각했다.

불문과 대학원을 그만두고 국문과 3학년에 편입해 전공을 바꾸
었다. 〈탈춤발생고〉(1966)라는 학사 논문을 방대한 분량으로 쓰고
서, 대학원에 진학해 〈가면극의 희극적 갈등〉(1968)으로 석사 학위
를 취득하고, 대학 강단에 서서 강의하고 연구하면서 《한국 가면극

의 미학》(1975), 《탈춤의 역사와 원리》(1979), 《탈춤의 원리 신명풀이》(2006) 등의 후속 저작을 내놓았다. 탈춤과 함께 민요와 설화에도 깊은 관심을 가지고 조사 연구해 《서사민요연구》(1970, 1978), 《인물전설의 의미와 기능》(1979), 《동학성립과 이야기》(1981, 2011), 《한국민요의 전통과 시가율격》(1996) 등의 저서도 냈다.

대학원 시절에는 장주근 선생이 민속박물관 창립을 준비하는 일을 도우기로 한 적 있다. 중앙일보사에서 예용해 문화부장의 발의로 전국민속조사를 큰 규모로 한다고 해서 출근하면서 계획을 만들고 성사하면 전담 기자로 입사하기로 했는데 예상하지 않던 사정이 생겨 신문사에서 그 일을 중단했다.

불문학을 하던 시절에는 프랑스 유학이 꿈이었는데, 민속문화 연구를 위해 제주도 유학을 생각했다. 제주도에 가서 말을 익히고 유산을 깊이 연구해 커다란 학문을 하는 출발점으로 삼으리라고 생각하다가 차선책을 택했다. 민속문화가 제주도 다음 두 번째로 풍부한 고장에서 태어난 것을 자랑스럽게 여기고, 입산수도를 한 데다 견줄 수 있는 성과를 얻어 마을에서 고장으로 나라로 문명권으로 세계로 나아가는 학문을 하리라고 작정하고 실행했다.

우리 마을이나 그 인근 지역에는 농악대의 양반 놀이에 원형을 남기고 탈춤은 사라졌다. 거듭 애써도 자료로 삼을 만한 것들을 찾아내지 못해 못내 아쉽다. 그러나 노동요는 제대로 남아 있고 풍부하게 전승되는 최상의 현장이다. 다시 찾아 어릴 때의 기억을 되살리고, 너무나도 익숙한 전승 배경과 전승 내용과 만나는 것이 아주 쉬운 일이었다.

고향 회귀의 학문을 할 수 있는 여건이 마련되어 행운이 겹쳤다. 대구에 있는 계명대학교에서 오라는 부름을 받고 1968년부터 1977년까지 9년 동안 재직하고, 이어서 영남대학교에서 1981년까지 4년 동안 있었다. 그 기간 동안 현지 조사를 부지런히 하고, 새로운 교과목인 "구비문학론"과 "희곡론"을 개설하고 강의했다.

세계에 공헌하는 한류 학문[115)]

한류에 대한 의문

역사의 현장 경험에서 논의를 시작하기로 한다. 1960년에 4·19가 일어나 갖가지 규제가 풀리자 서울 시내 큰 서점을 일본 책이 메우고, 전국 대부분의 다방에서 일본 노래가 들려왔다. 4·19의 주역들은 광복 뒤에 초등학교에 입학했으므로 읽을 수 없는 일본 책, 공감하지 못하는 일본 노래를 몇 살 위인 분들까지 추억을 되살리면서 반기는 것이 아닌가. 4·19가 새 역사 창조의 기점이어야 한다는 다짐을 무색하게 하는 배신의 역풍을 만났다.

---

115) 이 글은 2012년 8월 2일 겨레어문학회의 국제학술회의 "한류와 한국어문학: 한류의 학문적 전환과 창조적 모색"에서 기조 발표를 하고, 《겨레어문학》 51 (겨레어문학회, 2012)에 수록했다.

미국 팝송이 무방비로 들어와 젊은이들을 혼미하게 하는 것보다 더 우려할 사태를 일본 대중가요에 심취한 기성세대가 보여주었다. 밀수품 음반이 그처럼 위세를 떨치는데, 일본 대중문화가 합법적으로 들어오면 나라가 위태로워질 것이 아닌가? 챙길 것을 챙기지 못하고 일본과 국교를 정상화한 후유증이 남아 있는데, 우려하고 반대하는 여론을 무릅쓰고 1998년 이래로 대중문화 개방을 공식적으로 허용해서 정치에 대한 불신을 가중시켰다.

그런데 뜻밖의 사태가 벌어졌다. 일본과의 대중문화 교류에서 한국이 우세를 보여 수출액이 수입액보다 열 배나 많아졌다.[116]

---

116) 사실의 근거를 제시하기 위해 《세계일보》 2008년 10월 2일자 〈일본 대중문화 개방 10년의 명암〉에서 몇 대목 인용한다. "일본 대중문화 개방 10년의 명암을 평가할 때 주로 언급되는 분야는 방송이다. 1998년 10월 1차 개방당시 반대 여론의 주된 근거는 '문화적 부작용'과 '국내 문화산업 보호'였다. 타 장르에 비해 대중성과 친숙성이 높은 드라마에 대한 빗장을 풀면 왜색문화가 급속하게 우리 생활에 침투할 것이고, 우리의 문화적 정체성은 심하게 훼손될 것이라는 의견이 팽배했다. 그래서 방송 분야는 3차 개방 시점인 2000년 6월이 돼서야 개방됐고 그마저도 상대적으로 파급력이 약한 스포츠, 다큐멘터리, 보도 프로에 한정했다. 드라마는 2004년부터 제한적으로 허용되기 시작했다. 방송 분야 개방이 이뤄진 첫해 일본 방송 프로그램 수입액은 235만 달러로 1999년 109만 달러에 비해 약 2.3배 증가했다. 일본 드라마 방영을 부분 허용한 2004년 수입액은 266만 달러에 이르렀다. 그해 수입된 일본 방송프로그램을 장르별로 살펴보면 개방정책과 별개로 1970년대부터 방송돼왔던 TV애니메이션이 56%를 차지했고 드라마(29%), 다큐멘터리, 오락물 등이 뒤를 이었다. 애니메이션과 달리 일본 드라마에 대한 국내 시청자 반응은 냉담했다. 2004년 이후 케이블TV에서 방영된 일본 드라마는 200여 편.

한국의 대중문화 공연을 일본 못지않게 좋아하는 중국에서 지어
낸 '韓流'라는 말이[117] 국내에 수입되고, 'Korean wave'라고 번역되
어 널리 알려졌다. 한류가 아시아 각국은 물론, 미국과 유럽, 멀
리 중남미나 아프리카까지 번져나가 열광적인 환영을 받는 것이
널리 알려진 바와 같다. 공연의 범위를 넘어서서 한국 문화 전반
에 대한 선호가 광범위하게 나타나고 있다. 이러한 사실에 대해
서는 더 말할 필요가 없고, 사실의 이면에서 작용한 이유를 알아
야 한다.

한류의 근간을 이루는 대중 취향의 공연물, 대중가요, 방송극,
영화 등은 한국의 전통을 버리고 외래문화를 수용해 만들어낸 것

드라마 〈춤추는 대수사선〉과 〈화려한 일족〉, 〈노다메 칸타빌레〉 등 숱한 화
제작들이 소개됐지만 시청률은 1%에도 미치지 못했다. 시청률이 1%를 넘은
것은 〈고쿠센 1·2〉와 〈워터보이즈〉 등 3편뿐이다. 이러한 흐름에서 극적인
변화가 일본에서 일어났다. 2003년 4월 NHK 위성 채널에서 방영된 드라마
〈겨울연가〉가 커다란 반향을 일으킨 것이다. 이후 "욘사마" 열풍과 함께 〈올
인〉, 〈대장금〉 등이 지상파를 통해 소개되면서 소위 한류가 형성됐다. 2005년
2월 64편의 한국 드라마가 일본 지상파와 위성방송, 케이블을 통해 소개됐고,
지난해 8월에는 140편이 정규 편성됐다. 덩달아 우리 방송 프로그램의 일본
수출도 크게 늘었다. 2001년 119만 달러에 불과했던 우리의 대일 수출액은
2007년 말 5674만 달러로 껑충 뛰었다. 수입액은 수출액의 10분의 1 수준인
557만 달러였다."

117) '韓流'라는 말을 1999년 11월 19일자 《北京靑年報》에서 처음 사용했다고 이
　　은숙, 〈중국에서의 '한류' 열풍 고찰〉, 《문학과 영상》 제3권 2호 2002 가을·
　　겨울호 (서울: 문학과영상학회, 2003)에서 밝혔다.

들이다. 모조품은 성숙도가 모자라 수준이 낮게 마련이고 대외적인 경쟁력은 없다. 혼성 모방이라고 할 것들은 비난받아 마땅하다. 이런 취약점을 지닌 것들이 본고장에까지 가서 환영을 받는다니 있을 수 없는 일이다. 있을 수 없는 일이 일어난 이유를 밝히는 것이 한류 이해의 핵심 과제이다.

한류가 일본이나 아시아 각국뿐만 아니라 세계를 휩쓸다시피하는 이유가 무엇인가? 이에 관해서 다섯 가지 견해가 있다. (가) 한류는 국력 신장의 결과이다. (나) 정부가 적극 지원해 한류로 형성되었다. (다) 기획하고 연기하는 분들의 특별한 재능과 노력이 한류를 이루었다. (라) 한류 공연에서 보여주는 삶의 모습은 특별한 매력이 있어 널리 환영받는다. (마) 공연 예술의 전통이 원류로 작용해 한류가 생겨났다.

(가)는 타당성이 거의 없다. 국력 신장이 공연에 작용해 한류를 만들었다면 일본에 대한 우세를 설명하기 어렵다. 강대국은 예술에서도 경쟁력을 가진다는 속설을 부정하는 것이 한류의 의의라고 보아 마땅하다. 한류 공연은 국력을 자랑하는 우월감과는 전혀 상반된, 예사 사람들 사이의 대등하고 원만한 관계를 자연스럽게 나타내면서 널리 공감을 얻는다. 최근에 인기를 모으는 가수 싸이는 범속한 모습과 촌스러운 춤으로 세상을 열광시키지 않는가.

(나)는 한류가 일어난 이유를 일본에서 설명하면서 앞세우는 견해이다.[118] 그러나 한국 정부가 지원해서 한류가 일어나지는

않았다. 일본이 애니메이션 분야에서 앞서나가는 것을 보고, 한국 정부는 콘텐츠라는 이름으로 경쟁이 될 만한 소재 개발을 지원했는데 대단한 성과가 있다고 할 것은 아니다. 사람이 직접 출연하는 공연은 지원 대상이 아니고 특별한 관심이 없었으므로 간섭에서 벗어나 스스로 성장했다. 한류가 널리 자리를 잡은 다음에야 정부가 지원한다고 나서서 오히려 우려할 만한 사태가 벌어질 수 있다. 사태의 본질을 이해하지 못하고 그릇된 작용을 해서 예산을 낭비하고 혼선을 빚어내기나 할 염려가 있다.

(다) 대중 공연을 기획하고 연기하는 분들이 특별한 재능을 가지고 비상한 노력을 한 결과 한류가 일어났다고 하는 것은 어느 정도 타당한 견해이다. 연기 수업을 평가할 만하다. 가수들이 혹독한 훈련을 받는 것을 알고 외국에서 놀란다는 말이 들린다. 조용필이나 서태지는 침묵을 동반한 고도의 정진이 수도승이나 성자에 견줄 만해 존경을 자아낸다. 그러나 개인의 노력으로 대세를 바꿀 수는 없다. 가능한 것을 실현하고 더 잘할 수 있을 따름이다.

(라) 예사 사람들 사이의 대등하고 원만한 관계를 자연스럽게 나타내 한류 공연이 환영받는다고 위에서 이미 말한 데다 몇 가

---

118) Yahoo Japan에서 "韓流"를 찾아보면 *Wikipedia* 백과사전에서 옮겨왔다는 장문의 글이 있다. 서두를 들면 "韓流(ハンりゅう、かんりゅう、英: Korean wave)とは、2000年代以降の韓国大衆文化の流行を指す言葉である。1997年のアジア通貨危機によって韓国経済が破綻すると、韓国は官民を挙げて韓国ドラマや映画などコンテンツの輸出を推進し、韓国政府も積極的にコンテンツ産業振興策を支援した"라고 했다.

지 지적을 추가할 수 있다. 남녀가 애정을 성취하기까지 밀고 당기는 로맨틱 코미디가 호감을 준다. 대립이 지나치게 격화되지 않고, 여성은 순종적인 자세, 남성은 진실한 삶을 보여주어 마음을 편안하게 한다. 호감을 주는 사람들이 각박하지 않게 사는 것을 부러워하기도 한다. 이러한 지적은 모두 타당하지만 열거를 능사로 삼을 수 없다. 근본을 이루는 공통된 특징을 찾고, 어떤 이유에서 생겼는지 밝혀야 논의가 심화된다.

(마) 근본을 찾아 나서서, 지난 시기 한국 공연 예술이 원류로 작용해 한류를 이루는 오늘날의 공연이 형성되었다고 하는 것은 커다란 진전이다.[119] 고금 공연 사이의 동질성을 찾는 것은 가능하고 필요한 작업이다. 한국의 공연 전통에는 세계인을 매혹시킬 만한 특성이 있다고 보고 힘써 밝히는 것은 바람직하다. 그러나 특성을 찾으면 해답을 얻는 것은 아니다. 한국 공연의 특성을 세계 여러 나라 사람이 선호하는 이유를 밝혀야 하는 난제가 제기된다.

---

119) 2012년에 개최된 제1회 겨레어문학회 국제학술대회 기조 강연 〈한류의 원류〉에서 서대석은 "우리 민족의 전통 예술의 성격과 전통 예능인의 자질과 재능에서 오늘날 한류로 일컬어지는 공연 예술의 가능성을 발견할 수 있으면 한류의 원류를 모색할 길이 열리리라고 생각한다"고 하고, 고금 공연 예술의 동질성을 구체적으로 고찰했다. 형성 원리를 찾는 작업까지 하고 "한국의 문화 예술은 태극의 역동적인 움직임과 음양의 상생 원리의 바탕 위에서 인류 공통의 본능을 발양하는 무속적 사고에서 창조된 것으로 이는 모든 인류의 심층 의식과 공감대를 이루는 부분이기에 한류가 세계적으로 확산되는 현상은 일시적이거나 우연이 아닌 예정된 필연이라고 생각한다"고 했다.

한국 방송극이 일본에서 인기를 얻는 이유는 쉽게 설명할 수 있을 것 같다. 일본은 그림을 비롯한 공간예술, 한국은 음악을 근간으로 한 시간예술에서 장기를 보인 오랜 내력이 있다. 일본의 和歌는 정지된 상태의 묘사이고 그림을 곁들여 감상하며, 한국의 시조는 순차적으로 전개되는 사연을 나타내고 가창을 하면서 즐겼다. 정지된 화면으로 감미로운 정서를 조성하는 일본의 방송극을 보다가 역동적이고 생동하고 발랄하게 전개되는 한국의 방송극을 만나면 충격을 받을 수 있다.[120]

그러나 충격이 공감을 자아내 인기가 생겼다고 할 수는 없다. 한류 공연이 지속적인 인기를 누리는 이유에 관해서는 별도의 해명이 있어야 한다. 다른 여러 나라의 경우에도 이와 같은 방식의 비교를 할 필요가 있고 얻을 수 있는 결과가 흥미롭기는 하지만[121], 각론을 모으면 총론이 되는 것은 아니다. 한국 공연이 세계

---

120) 일본에 머무르는 동안에 일본에서 방영하는 한국 방송극을 보니 이런 특징이 너무나도 선명해 나도 충격을 받았다. 일본의 인류학 교수 伊藤亞人는 한국인은 부부 싸움도 논리적으로 하는 방송극을 보고 놀란다고 하고, 일본에는 논리는 없고 정서만 있다고 했다.

121) 한류 공연의 세 기본 영역 대중가요, 방송극, 영화 가운데 어느 것을 어느 나라에서 더 선호하는지 조사하고 그 이유가 무엇인지 밝히는 작업을 산발적으로 하는 데 그치지 않고 본격적으로 진행할 필요가 있으나, 방법이 문제이다. 선호도 조사는 설문을 이용해서 할 수 있지만, 선호하는 이유까지 물어서 알면 목적을 달성하는 것은 아니다. 어느 나라 사람들이 무엇을 왜 환영하는지 밝히려면 그 나라의 문화 전통을 이해하고, 전통에 어떤 차질이 있어 한류 공연을 충격으로 받아들이고 지속적인 관심사로 삼는지 추적하는

도처에서 각기 어떤 면이 이질적이어서 관심의 대상이 되거나 충격을 준다는 사실을 밝힌다고 해도 인기가 지속되고 확산되는 이유가 되지는 못한다. 문제 제기를 차근차근 다시 할 필요가 있다.

한국의 전통을 그대로 잇고 있는 독자적인 공연은 외국으로 진출하지 못하고, 독자적인 공연과 많이 다른 수입 재창조물이 원산지까지 진출해 인기를 누리는 것은 어떤 이유인가? 오늘날의 공연자들은 전통을 알지 못하고 관심도 없는데 어떻게 해서 계승했는가? 한국의 공연이 세계 도처에서 관심을 가지고 선호하도록 하는 특수성은 무엇이고 보편성은 무엇인가? 충격을 주는 특수성과 공감을 자아내는 보편성을 둘 다 밝히고 상관관계를 깊이 있게 논의하는 이론이 있어야 한다.

의문 해결을 위한 탐구

한국의 전통 공연은 신명풀이를 원리로 한다는 것이 내가 정립한 이론의 핵심이다.[122] 신명풀이란 신명을 풀어내는 행위이다.

힘든 작업을 해야 한다. 자료도 전문가도 없는 조건에서 이 일을 제대로 할 수 없다. 나는 역부족이므로 일본과의 비교를 조금 시도해 각론의 필요성을 알리는 데 그치고 총론을 이룩하는 데 힘쓰기로 한다. 각론이 충분히 갖추어진 다음에 총론을 재정립해야 하지만, 지금 여기서 말할 수 있는 것과 그리 다르지 않으리라고 생각한다.

122) 신명풀이를 두고 여러 차례 복잡한 논의를 하다가 〈제8강 신명풀이의 파장〉, 《세계·지방화시대의 한국학 2 경계 넘어서기》(대구: 계명대학교출판부,

안에 있는 신명을 밖으로 풀어내는 행위를 여럿이 함께 한다. 신명풀이는 신명을 각자의 주체성과 공동체의 유대 의식을 가지고 발현하는 창조적인 행위라고 규정할 수 있다. 사람이 무엇을 창조하는 것은 자기 내부의 신명을 그대로 가두어둘 수 없어서 풀어내야 하기 때문이다.

신명풀이를 하는 동기는 각자 자기 신명을 풀고자 하는 데 있으며, 그 점에 누구든지 개별적인 존재로서 주체성을 가진다. 그렇지만 신명풀이는 여럿이 함께 주고받으면서 해야 효과가 커진다. 자기의 신명을 남에게 전해주고, 남의 신명을 자기가 받아들여, 두 신명이 서로 싸우면서 화해하고, 화해하면서 싸워야 신명풀이가 제대로 이루어지고, 그 성과가 더 커진다. 화해는 상생이고 싸움은 상극이라고 일컫고, 상생이 상극이고 상극이 상생이라고 하는 것이 생극론의 철학이다. 신명풀이 예술은 생극론을 기본 원리로 한다.

2005)에서 간명하게 정리했다. "'신명풀이'라고 할 때의 신명은 한자로 '神明'으로 적을 수 있으나, 한자의 뜻으로 이해할 필요가 없다. 한자의 뜻을 적절하게 풀이해서 "깨어 있고 밝은" 마음가짐이라고 하면 뜻하는 바에 근접했으나, 역동적인 움직임을 나타내주지 못한다. "깨어 있고 밝은 마음가짐이 힘차게 움직이는 상태"라고 하면 더욱 핍진한 정의를 얻을 수 있다. "힘차게 움직이는 상태"는 바람과 같으므로, '신바람'이라고 한다. '신명바람'이라고 하면 번다하니 신바람이라고 한다. 신바람은 여기 저기 불어 닥친다. 각자의 내면에 있는 신명이 일제히 밖으로까지 나와 여럿이 함께 누리는 것을 신바람이라고 한다는 정의를 추가할 수 있다. 신바람이란 신명이 발현되는 사회기풍이라고 할 수 있다"고 했다. (214면)

오랜 기간 동안 이어지고 공연에서 구현된 신명풀이의 전통이 작용해 외래의 공연을 새롭게 창조한 결과가 한류로 나타났다. 신명풀이 공연의 본령인 탈춤, 판소리, 선소리, 들노래, 풍물 등은 외국인에게는 전달되기 어려워 신명에 동참하는 공감을 얻지 못한다. 대중가요, 방송극, 영화 등 국제 공인 또는 국제 공유의 공연 형태를 받아들여 재창조하는 데 신명풀이가 끼어든 변형은 쉽게 전달되어 공감을 얻는다. 본령은 원형을 숭앙하다가 오래 이어온 신명풀이가 생동감을 잃고 형식화될 수 있다. 지나간 시대의 추억을 불러일으키는 골동품이라고 여겨 반발의 대상이 될 수 있다. 변형은 가치가 인정되지 않고 존중할 것이 없다. 아무렇게나 하고 마음대로 장난하면서 해도 되므로 예상하지 않은 신명풀이를 하게 된다.

대중 공연을 하는 사람들이 신명풀이의 전통을 알고 잇는 것은 아니다. 그럴 생각을 한 사람이 있어도, 바라는 대로 실행되지는 않는다.[123] 의식에는 두 차원이 있다는 것을 말해야 논의가 진전

---

123) 가수 서태지가 인터넷 나의 홈페이지를 찾아와 다음과 같은 문답을 한 적이 있다.

문: 전 한국 대중 가수 서태지라고 해요. 우리 판소리를 대중가요에 접목시키려 하는데 어렵군요. 판소리의 가장 흥미로운 부분은 무엇인가요? 그리고 판소리를 대중가요에 어떻게 하면 재미있게 접목시킬 수 있나요?

답: 판소리는 음악이 장단이나 음색, 가창법 등에서 아주 폭이 넓어 많은 것을 표현할 뿐만 아니라 다른 특징도 가져 대단한 인기를 얻습니다. 판소리는 노랫말이 문학이면서 노래는 음악입니다. 청중의 반응에 따라 노랫말

된다. 대중 공연 창조자들은 신명풀이의 전통을 정립된 의식에서는 알지 못하고, 정립되지 않은 의식에서는 알았다. 정립된 의식에서는 알지 못하므로 설명할 수는 없고, 정립되지 않은 의식에서는 알았으므로 창작에서 활용했다.

이것은 모든 예술 창작에서 함께 인정되는 현상이다. 정립되지 않은 의식에서 자기도 모르게 전통을 계승하는 것은 시 창작에도 있고[124], 대중 공연에도 있어 예술 일반의 특징임을 확인할 수

과 노래를 즉석에서 개작해 부를 수 있는 것이 커다란 장점입니다. 예컨대 박동진의 어사 출도 장면은 부를 때마다 다릅니다. 노랫말을 자유자재로 지어낼 수 있는 능력이 있어야 명창입니다. 또한 광대의 창을 반주하는 고수가 추임새를 넣으면서 상대역의 구실을 합니다. 그래서 두 사람이 하는 연극처럼 진행됩니다. 고수가 하는 일이 중요해서 "일고수 이명창"이라는 말이 있습니다. 이런 특징을 대중가요에서도 갖출 수 있다고 봅니다. 용기를 가지고 시험할 일입니다.

이 문답을 《세계·지방화시대의 한국학 10: 학문하는 보람》(대구: 계명대학교출판부, 2009), 375-376면에 옮겨 적어 기록을 남겼다.

124) 시의 경우를 들어 이에 관해 "우리 시가 율격론은 최근에 마련되었으며, 아직 모르고 있으면서 율격을 논하는 사람들이 적지 않다. 그렇기 때문에 시를 잘못 쓴 것이 어쩔 수 없는 일이라고 할 것은 아니다. 학문의 영역인 율격론이 혼미를 거듭하는 동안에도 정립되지 않은 의식의 율격은 제대로 살아 있어 창작에서 발현될 수 있었다. 문법론이 그릇되어도 말을 하면서 자연스럽게 활용하는 원리인 문법 자체는 손상되지 않듯이, 헛된 논의가 미치지 못하는 층위에서는 우리 시가 율격의 원리를 적절하게 계승하고 변형한 새로운 창조가 이루어질 수 있었던 것을 작품이 증명한다. 서양이나 일본의 전례를 들먹이며 율격이 없는 자유시를 옹호하려 하지 않고, 내면의 각성에 충실하면서 무어라고 설명할 수 없는 깊은 의식을 통해 독자와 공감을 다지

있다. 그런 일이 시 창작에서는 이따금, 대중 예술 공연에서는 항상 있어 차이점 또한 두드러진다. 시인은 고독하게 작업하면서 정립된 의식이 상당한 수준이라고 자부해 정립되지 않은 의식을 눌러두는 것이 예사이다. 대중 예술 공연자는 시청하면서 동참하는 군중의 요구를 받아들여 신명풀이를 함께 하느라고 정립되지 않은 의식을 마구 분출한다. "博地凡夫 本自具足"의[125] 밑바닥을

려는 시인은 뛰어난 작품을 남겼다. 얼핏 보아도 짜임새가 제대로 되어 있고 말이 자연스러운 작품, 줄곧 애독되고 거듭 연구되는 명편은 전통적 율격을 창조적으로 변형시켰다"고 말한 다음, 김소월, 한용운, 이상화, 이육사의 작품을 예를 들어 표면상 자유시가 전통적 율격을 변형시켜 계승한 실례를 분석했다. (《한국문학통사》 5, 서울: 지식산업사, 제4판 2005, 87~92면)

[125] 한용운이 《十玄談註解》에서 사용한 말이다. 《이 땅에서 학문하기》(서울: 지식산업사, 2000), 85~86면에서 인용하고 풀이한 그 뒤의 말을 조금 고쳐 옮긴다. "[批]: 博地凡夫 本自具足 一切賢聖 道破不得(넓은 땅에 사는 범부는 본디 스스로 만족함을 갖추고 있으며, 일체의 성현이라도 도리를 모두 말할 수 없다.) [註]: 祖師之意 何嘗有意 衆生有意 祖師亦意 祖意者 衆生之意也(조사의 뜻이라는 것에 어찌 일찍이 뜻이 있었으리오, 중생의 뜻이 있으니 조사 또한 뜻이 있다. 조사의 뜻이란 중생의 뜻이다.)" 한용운은 이렇게 말했다. "博地凡夫 本自具足 一切賢聖 道破不得"은 한용운 사상의 핵심을 나타내는 견해라고 할 수 있다. 낮은 자리에 있는 예사 사람들인 凡夫는 삶을 누리기나 하고, 높은 위치에 오른 스승인 賢聖이 그 이치를 밝혀 논한다. 그러나 一切의 賢聖을 다 모아도 博地의 凡夫만큼 많을 수는 없어, 한정된 능력으로 무한한 진실을 모두 설파할 수는 없다. 범부가 누리고 있는 本自具足한 경지는 아무런 차등이 없이 원만하기만 해서 말이 모자라 전하기 어렵다. [批]에서 한 말을 풀이한 [註]에서는 凡夫 대신에 衆生이라는 말을, 賢聖 대신에 祖師라는 용어를 사용했다. 세상에서 널리 통용되는 용어 대신에 불

드러낸다고 할 수 있다.

오늘날의 대중 공연이 신명풀이를 이어받고 있는 양상을 밝히려면 거시와 미시 양면의 고찰이 필요하다. 미시적 고찰은 과제로 남겨두고,[126) 여기서는 거시적 고찰을 시도하기로 한다. 작품론에서 공연론으로 방향을 돌려, 창조자와 수용자의 관계를 문제삼아야 뜻한 바를 얻을 수 있다. 새로운 작업이어서 이론이 미비하므로 사례 연구에서 진전을 기대하면서, 사례에 매몰되어 방향을 잃지 않도록 이론적 일반화에 힘써야 한다.

노래는 부르는 사람과 듣는 사람이 생극의 관계를 가지고 신명풀이를 함께 할 수 있다. 짜임새가 훌륭한 노래를 혼자서 조용히 부르지 않고, 이말 저말 둘러대 공백투성이인 사설을 춤이기도 하고 연기이기도 한 갖가지 몸짓을 하면서 여럿이 야단스럽게 부르고, 많은 청중이 극성스럽게 끼어들면 신명풀이가 고조된다. 방송극이나 영화는 등장인물들끼리의 생극 관계가 작품과 수용자 사이의 생극 관계로 전이되어 신명풀이가 이루어지도록 할 수 있다. 긴박하게 돌아가고 예상하지 못한 전환이 일어나 격동시키는

교 내부의 용어를 사용해서 논의를 더욱 구체화했다고 할 수 있다. 그러면서 가르침의 스승인 祖師란 특이한 사람이 아니고 중생일 따름이라고 했다. 조사의 뜻이란 중생의 뜻에 지나지 않는다고 했다. 그렇다면 중생은 조사를 숭상하고 조사의 뜻을 따라야 한다고 할 이유가 없다. 중생이 스스로 자기 자신의 뜻을 알아차리는 것이 깨닫는 길이다.

126) 앞의 책, 224-226면에서 이창동 감독의 영화 〈오아시스〉를 분석해 미시적 작업의 본보기를 보였다.

데 압도되지 않고, 보는 사람이 자기 나름대로의 주체성을 가지고 개입할 수 있는 작품이 신명풀이를 뜨겁게 한다.

强弱·優劣·美醜·高低·雅俗·巧拙이라는 개념을 사용하면 논의가 진전된다. 한류 대중 공연은 (가) 强·優·美·高·雅·巧를 뒤집어엎는 (나) 弱·劣·醜·低·俗·拙의 특징을 지닌다. 뒤집어엎는다는 것은 세 단계의 작업이다. (나)에서 (가)를 공격해 타격을 입힌다. (가)를 물리치고 (나)가 전면에 나선다. (가)와 (나)가 둘이 아니고 하나이게 해서 분별을 넘어선다. 이와 함께 하나와 여럿, 남과 나, 겉과 속 등의 분별도 넘어선다.

세 단계의 작업에서 세 단계의 신명풀이가 이루어진다. 한 단계씩 앞으로 나아가 신명풀이의 차원을 높이는 것이 바람직하다. 대중 공연과 순수 공연을 구별하지 않고 통합한 창조물을 풍부하게 만들어내 세계 예술사를 전면적으로 혁신하는 것을 목표로 삼아야 한다. 순수 공연 특히 기악 연주에서 자랑하고 있는 재능을 작곡에서도 발휘하고, 대중음악 작곡과 순음악 작곡을 구별하지 않고, 작곡과 공연, 공연자와 청중이 하나인 원리를 살려나가야 이 목표를 달성할 수 있다.

한류 공연과 한류 학문

한류가 있으면 한류 학문도 있어야 한다. 한류 학문은 한류를 연구 대상으로 하는 학문이다. 한류가 어떻게 해서 이루어졌는가

하는 의문을 풀어주고 나아갈 방향을 찾는 것을 임무로 한다. 이
작업을 제대로 하려면 시사평론 수준의 산만한 논의에 머무르지
말고, 고식적으로 구분되고 반복되는 기존 학문의 인습을 넘어서
서, 깊은 근거와 높은 통찰을 갖춘 공연학을 새롭게 이룩해야 한
다. 나는 신명풀이를 공연의 다른 두 가지 원리인 카타르시스·라
사와 비교하는 상관관계를 밝히는 이론을 정립해[127] 이러한 요구
를 실현하고자 했다.

　카타르시스는 상극, 라사는 상생, 신명풀이는 생극의 실현이어
서 언제 어디서든지 있을 수 있다. 신명풀이는 하층 공연이 일반
적으로 지닌 특징이고, 카타르시스와 라사는 특정 시기와 장소의
상층 예술 원리로 부각되어 특별한 평가를 받은 내력이 있다. 카

---

127) 《카타르시스·라사·신명풀이: 연극·영화미학의 기본원리에 관한 생극론의
　　해명》(서울: 지식산업사, 1997)인데, 《탈춤의 원리 신명풀이》(서울: 지식산
　　업사, 2006)에 전문이 수록되었다. '라사'(rasa)는 인도 사람 바라타(Bharata)
　　가 지었다는 《나티아사스트라》(*Natyasastra*)에서 유래한 개념이다. 그 책은
　　인도 고전극을 대표하는 산스크리트 연극이 아직 본격적으로 발전하기 전인
　　기원후 2세기경에 이루어진 것으로 보인다. 거기서 연극을 위시한 공연 예
　　술 전반의 지침을 마련하면서, 연극의 본질을 '라사'를 불러일으키는 데 있
　　다고 했다. '라사'는 '느낌'이라는 말인데, 한자어를 사용해서 '美感'이라고
　　번역할 수 있다. 연극을 하기 전에 이미 있는 연극 밖의 느낌인 '情感'을 연
　　극 안으로 가져와서 예술 표현물로 재창조해야 '美感'이 된다고 하므로, 그
　　두 말을 분명하게 구별할 필요가 있다. 그러나 번역어의 한자 어원에서 말
　　뜻을 찾는 것은 적합하지 않으므로, 번역어를 택하지 않고, '라사'라는 표기
　　를 계속 사용하기로 한다. (같은 책, 280-281면)

타르시스는 고대 그리스에서 대단하게 여겨 유럽 공연 예술의 기본 원리로 전승되었다. 라사는 중세 인도에서 존중하고 가다듬어 남·동남아시아 여러 곳에서 지속적인 영향을 끼쳤다. 연극이 상층의 세계관을 나타내거나 상업적인 흥행물이 된 곳에서는 분명하게 정립되지는 않은 채 카타르시스나 라사의 경향이 나타났는데, 중국이나 일본이 이에 해당한다.[128]

한국은 그 어느 쪽도 아니다. 고대나 중세에 이룩된 고전극의

---

[128] 중국과 일본의 경우에 관해 "중국에서는 元代의 雜劇에서 오늘날의 京劇에 이르는 중간 과정에서 나타난 여러 연극 모두 신명풀이를 등한하게 하지 않아 대중의 인기를 모았으나, 귀족 취향을 버리지 못한 데 한계가 있었다. 연극이 놀이의 하나로 여겨져 아무 부담 없이 보면서 즐길 수 있게 개방되었을 따름이고, 관중이 참여해서 극중에서 일어나는 일에 대해서 토론하는 방식이 마련된 것은 아니다. 문인이 창작하고 귀족이 즐기는 고급의 연극 형태와는 직접적인 관련을 가지지 않고 발전한 갖가지 형태의 지방극에는 신명풀이가 온전하게 살아 있는 본보기도 있을 터인데, 자세한 내막을 알기 어렵다. 지방의 민속극이 성장한 과정을 중요시하는 새로운 관점에서 중국 연극사를 다시 서술하는 작업이 어떻게 진척되는지 기대하면서 기다리고자 한다. 일본에서 중세에서 근대로의 이행기에 시정의 오락물로 자라난 歌舞伎는 신명풀이를 제공하면 인기가 더 커질 수 있는데, 能에서 가져온 '라사'의 원리를 계속 지녀 가치를 높이려고 했다. 사회적 규범이 경직되어 생기는 문제를 비판적이고 풍자적인 방향에서 다루지 않고, 불리한 조건 때문에 희생이 되는 쪽의 아픔에 공감하도록 해서 '카타르시스'와 상통하는 성향도 지니고 있는데, 중세의 이상이 불신되면서 적대적인 관계의 문제가 부각된 시기, 중세에서 근대로의 이행기의 상황이 고대와 상통하기 때문에 그렇게 되었다. '카타르시스'와 상통하는 것을 비극과는 다른 격정극의 방식으로 다룬 데 커다란 차이가 있다"고 했다. (앞의 책, 395-396면)

유산이 없고, 상층이 개입하거나 상업적 흥행물로 된 연극도 없다. 하층 민중이 주도한 공동체 축제 연극만 있어 신명풀이가 온전하게 이어져오고 공연 전반의 원리 노릇을 해왔다.

신명·신바람·신명풀이는 한국인만의 것이 아니다. 세계 어디서든 사람이라면 누구나 지닌 공유의 심성이다. 그런데 역사가 전개되는 과정에서 차이가 생겼다. 다른 여러 곳에서는 연극사가 전개되는 과정에서 훼손된 신명풀이가 한국에는 온전하게 남아 있다. 세계 도처에서 한류가 일어나는 것은 훼손된 신명풀이를 되살리고자 하는 열망을 일으키기 때문이다. 한국 대중 공연에서 자극을 받아 자아 발견의 기쁨을 누린다. 권위주의적 성향을 가진 고전 문화의 규범을 거부하고, 강약·우열·미추·고저·아속·교졸의 구분을 뒤집어엎고 해방을 이룩하기를 바라고 열광한다.

한류 공연이 일본에서 충격을 주는 데 그치지 않고 지속적인 인기를 누리는 이유에 관해서는 별도의 해명이 있어야 한다고 앞에서 말했다. 이제 이에 관한 논의를 할 단계가 되었다. 일본은 고도로 세련된 정서를 자아내는 공간예술의 전통이 자랑이면서 구속이었다. 구속에서 벗어나 신명풀이의 자유로움을 누리고자 하는 요구가 한류 공연에 의해 촉발된다. 일본과 유사한 정서를 선호하는 것 같은 보호막을 쳐놓고, 억압되고 왜곡되어온 신명풀이를 살려내려고 열광한다.

일본은 축제의 나라이다. 일본뿐만 아니라 세계 어디든지 야단스러운 축제가 있어 해방을 구가한다. 그런데 신명풀이가 억압되

186

고 왜곡되어왔다고 말할 수 있는가? 신명풀이를 금지하면 반발이 생기기 때문에 시간과 장소를 정해놓고 허용하는 것이 축제의 일반적 특징이다. 축제는 일정한 순서에 따라 시작되고 끝난다. 비정상인 축제가 끝나면 정상인 생활로 되돌아가야 한다. 한류 공연은 기간이나 장소의 제한이 없고 순서를 갖추지도 않고 줄곧 진행되는 축제이다. 많은 사람이 모이는 야외 공연장이나 실내 극장에서만 놀이를 벌이지 않고, 한둘이 앉아 보는 텔레비전에서도, 혼자서 몰래 듣는 음악으로도 신명풀이의 즐거움을 제공한다. 축제에서나 허용되는 신명풀이를 일상생활의 통상적인 과정이게 하는 혁명을 진행한다.

공연물의 역사를 거시적으로 살펴보자. 문명권이나 지역에 따라 각기 자기 나름대로 즐거움을 누리던 시기가 오래 계속되다가, 광범위한 교류가 가능하게 되면서 공연물도 세계화되는 변화를 몇 차례 겪었다. 유럽에서 신명풀이를 억압하거나 밀어내고 정립된 카타르시스를 원리로 하는 연극, 유사한 수준의 음악이나 무용이 고급예술이라는 평가를 과시하면서 널리 전파되고 이식된 것이 첫 단계의 세계화이다. 이에 대해 아프리카에서 유래한 대중 공연물이 거대한 규모의 반격을 진행했다. 고급예술이 따로 있지 않아 온전하게 살아 있는 아프리카 특유의 신명풀이 공연을 미주 대륙으로 강제 이주된 흑인 노예들이 재창조해 전파 매체를 타고 세계에 널리 퍼뜨려 어디에서나 구속에서 벗어나도록 한 것이 둘째 단계의 세계화이다.

앞의 것은 歐流, 다음 것은 黑流라고 하자. 韓流는 구류와 흑류 다음 순서, 세 번째 공연물 세계화로 나아가고 있다. 한국은 구류의 본고장처럼 고급문화가 발달한 곳인데도 공연물은 간섭하지 않아 신명풀이가 생동하게 남아 있는 점이 남다르다. 이 전통을 이질성을 많이 포함시켜 다양하게 잇고, 공연이나 전달 방식을 흑류에서보다 더욱 다채롭게 마련해 구류의 고급예술에 대한 대중예술의 반격을 다시 일으키는 것이 널리 환영받고 있다. 한류는 대중예술로 자라고 있으나 고급예술을 아우를 수 있다. 구류·흑류와의 비교를 통해 한류의 특성을 밝히고 진로를 찾는 데 힘써야 한다.

한류는 공연물에 국한되지 않고 문화 전반으로 확대되어야 한다. 문화 영역에서 이룩해야 하는 또 하나의 한류로서 특히 소중한 것은 한류 학문이다. 한류 공연에 대한 해명이 피할 수 없는 과제여서 한류 학문을 해야 한다. 한류 학문은 과시가 아니고 의무이다. 구류·흑류와의 비교를 과제로 삼고 공연물의 세계사를 밝혀내야 할 일을 한다. 학문은 정립된 의식의 소관이므로 하다가 보면 저절로 잘 될 수 없다. 철학의 전통을 이어받아 이론의 근거로 삼고 제기된 과제를 타당하게 해결하는 방법을 가다듬어야 한다.

한류 학문은 한류에 관한 학문만이 아니다. 한류처럼 세계에 널리 뻗어나가 환영을 받으면서 인류를 행복하게 하는 데 공헌하는 학문이 또한 한류 학문이다. 이 둘은 별개의 것이 아니다. 한류에 관한 학문을 제대로 하면 한류처럼 세계에 뻗어나갈 수 있다. 한류 학문은 국학의 순수하고 고고한 자세를 버리고, 한류 공연을 하듯이 갖가지 잡스러운 내용을 갖추고 별별 이상한 언사를 헤집고 나가면서 온 세계의 시빗거리를 맡아 해결해야 한다. 유럽중심주의의 잘못을 시정하고 차등이 아닌 대등의 관점에서 세계를 이해하면서, 생극론에서 도출된 이론으로 난문제를 해결하면 구체적인 성과를 얻을 수 있다. 기존 작업 둘을 본보기로 제기하고자 한다.

카타르시스를 원리로 한 고대 그리스의 비극이 연극의 전범이라고 하는 것과 함께 고대 그리스의 서사시는 진정한 서사시를 판별하는 기준이라고 하는 것이 유럽중심주의 문학 이론의 두 기둥 노릇을 하면서 세계문학 이해를 그릇되게 했다. 연극의 원리를 다시 이룩하는 작업에 이어서 서사시 문제를 다루어, 서사시는 세계 도처에 아직도 살아 있는 구비서사시를 본령으로 하고, 기록서사시는 후대의 변형임을 밝혔다. 서사시는 선진 문명이나 강성 국가의 자랑이라는 주장은 전혀 부당하고, 침략당하고 천대받는 민족이 주체성을 살리기 위해 전승하고 창조해 세계문학사를 다채롭고 풍부하게 했다는 사실을 밝혀 논했다.129)

소설에 관한 논의에도 심각한 장애가 있다. 18세기 유럽 특히 영국에서 만들어낸 'novel'이라야 근대 시민문학으로 평가되는 진

---

129) 《동아시아 구비서사시의 양상과 변천》(서울: 문학과지성사, 1997)에서 한 작업이다.

정한 소설이고, 다른 데서 만든 것들은 함량 미달의 모조품에 지나지 않는다는 견해가 널리 유포되어 세계문학사 이해를 왜곡한다. 서사문학사가 어디서나 동질적인 양상을 지니고 전개되다가 세계 우위의 전설과 자아 우위의 민담을 합쳐 자아와 세계의 상호 우위를 특징으로 하는 소설을, 귀족과 시민, 남성과 여성의 경쟁적 합작품으로 만든 것이 세계문학사 전개의 보편적 과정임을 밝혀 잘못을 시정했다. 동아시아소설이 앞서다가 유럽소설이 추월하고, 제3세계 특히 아프리카소설이 선두에 나선 것이 소설사 전개의 개요라고 했다.[130]

이렇게 해서 강약·우열·미추·고저·아속·교졸의 구분을 뒤집어엎고 둘이 하나임을 밝히는 작업을 연구 자료와 논리를 갖추어 전개하는 것이 바람직한 한류 학문이다. 한국어를 사용하므로 널리 알려져 공감을 얻어내지는 못하지만, 그럴 수 있는 자산을 축적하는 것이 마땅하다. 얻은 성과를 스스로 널리 알리려고 했으나 아직 많이 모자란다.[131]

한류 학문의 성과를 한국학을 하는 외국인 학자들이 적극적으로 활용해 번역하고 논의하면서 학문의 신명풀이에 동참하기를 바란다.[132] 그 결과가 널리 알려져 공연의 한류처럼 학문 한류도

---

130) 《소설의 사회사 비교론》(서울: 지식산업사, 2001)에서 한 작업이다.

131) 영어로 써서 밖에 나가 발표한 글을 모아 *Korean Literature in Cultural Context and Comparative Perspective* (Seoul: Jipmoondang, 1997); *Interrelated Issues in Korean, East Asian and World Literature* (Seoul: Jipmoondang, 2006)를 냈으나, 얻은 성과의 작은 부분에 지나지 않는다.

널리 뻗어나가 세계인의 공유물이 되기를 희망한다. 인류가 당면
하고 있는 어려움을 해결하고 행복을 함께 누리도록 하는 데 공
헌해야 그럴 수 있다.

한류 학문을 위한 학문론

한류 공연은 정립되지 않은 의식의 표출이라고 했다. 학문은 공
연과 달라 정립된 의식의 산물이어야 한다. 학문이 무엇이고 어떻
게 해야 하는가 하는 문제를 제기하고 반성과 비판, 각성과 득도
의 과정을 거쳐야 학문을 바람직하게 할 수 있다. 기존 학문의 이
론에 대한 반성과 비판, 정립되지 않은 의식에 잠재되어 있는 능
력을 발견하고 정립된 의식의 차원으로 끌어올려 가다듬는 각성
과 득도, 이 양면의 작업을 교체해가면서 계속 진행해야 한다.

학문을 하면서 학문론을 정립하고, 학문론을 정립하면서 학문
을 한다. 구체적이고 개별적인 연구가 진전되는 수준에 상응하는
학문학을 작심하고 정립해 자기를 각성하고, 토론 자료를 제공하
고, 학문 발전에 기여하는 것이 마땅하다. 이 작업에서 얻은 성과

---

132)《한국문학통사》를 Daniel Bouchez 교수와 함께 불문으로 축약하고 개작한
Histoire de la littérature coréenne des origines à 1919 (Paris: Fayard, 2002)이 나
오고, Charles La Shure가 한 영문 축약 번역본이 런던에서 출간될 예정이다.
豊福健二 譯,《東アジア文學史比較論》(東京: 白帝社, 2010);《東アジア文明
論》(京都: 朋友書店, 2011); 李麗秋 驛,《東亞文明論》(北京: 中國科學文獻出
版社, 2013)이 나왔으며,《동아시아문명론》베트남어 번역이 진행중이다.

는 구체적이고 개별적인 연구를 하는 논문에 포함될 수도 있고, 글을 따로 써서 제시할 수도 있고, 책으로 발표할 수도 있다. 나는 앞의 두 가지 표현 방식을 활용하는 데 그치지 않고 학문론 책을 여럿 내놓았다. 누구나 토론 자료로 활용해 자기 각성에 도움이 되도록 한다면 학문 발전에 기여한다.

이 글은 이미 이룬 학문론을 보완하는 구실을 한다. 한류 학문이라는 말을 처음 사용하고, 한류 공연과 한류 학문의 관계를 논의하면서 학문론을 진전시킬 수 있었다. 한류 학문은 한류 공연에 관한 학문이면서, 한류 공연처럼 세계로 뻗어날 수 있는 학문이라고 했다. 이 둘은 하나이다. 한류 공연이 세계로 뻗어나는 이유를 밝히는 한류 학문은 한류 공연처럼 세계로 뻗어날 수 있는 한류 학문이어야 한다. 둘이 하나인 한류 학문에서 비약적인 수준의 창조를 이룩해 세계에 공헌하고 인류를 행복하게 하기 위해 더욱 분발하는 것이 마땅하다.

여러 책에서 이미 말한 신명풀이와 생극론의 관계를 여기서 잘 정리하는 성과를 얻었다. 정립되지 않은 의식을 공연에서 표출해 역동적인 모습과 창조적인 가치를 특히 잘 나타내던 신명풀이를, 정립된 의식의 학문을 하는 이론으로 가다듬어 생극론을 이룩하는 작업을 선인들이 했다. 따로 전승되어 무관한 것 같은 두 유산을 연결시켜 오늘날의 연구를 위해 활용해온 착상이 어떤 의의를 가지는지 밝혔다.

얻은 성과를 개인의 업적으로 삼으려고 하지 않는다. 신명풀이를 공연에서 이어받는 작업을 누구나 할 수 있듯이, 신명풀이 이론이나 생극론에 입각한 학문론 또한 조상 전래의 공유재산이므로 널리 개방되어 있다. 생극론을 함께 활용하면서 공동의 신명풀이를 하는 작업에 즐겁게 동참하면 누구나 기대 이상의 학문을 할 수 있다.

한·일 전통극 비교론[133]

초록

일본의 能(노)와 한국의 탈춤은 假面舞劇이라는 공통점이 있으면서 많이 다르다. 일본 能의 '幽玄'(유겐)은 내심에서 얻어지는 그윽하고 격조 높은 조화의 아름다움이다. 한국 탈춤의 신명풀이는 여럿이 함께 활력 있게 움직이면서 즐거움을 한껏 누리는 행위이다. 이에 관한 비교연극학적 연구를 시도한다.

---

133) 이것은 《학술원논문집》 인문사회과학편 제48집 1호 (서울: 대한민국학술원, 2009)에 발표한 논문이다. 원래의 제목은 〈일본 能의 幽玄과 한국 탈춤의 신명풀이: 비교연구를 어떻게 할 것인가〉였다. 《세계·지방화시대의 한국학 10: 학문하는 보람》(대구: 계명대학교출판부, 2009)에 수록했으나 본문만이었다. 이번에 전문을 조금 수정해 내놓는다.

能 이전 일본의 대표적인 예능이었던 田樂(덴가쿠)는 한국의 농악과 이름조차 비슷하며 활력 있게 신체를 움직이는 점에서도 다르지 않았다. 能의 명인 世阿彌는 노쇠기에 이르자 정태적인 연기를 택해, 한국 탈춤의 빠르고 역동적인 움직임과 아주 달라졌다. 느리고 빠른 것은 상층과 하층의 취향이다. 상층은 느릿느릿하면서 內心을 드러내는, 하층은 빠르게 움직이면서 活力을 나타내는 표현 형태를 원했다.

能의 향유자 武士는 전대의 귀족이 가꾼 상층 노래 漢詩를 이어받기에는 역부족이어서 전문화된 배우가 제공하는 연극을 즐겼다. 상층 문화의 이상을 연극에서 구현하고자 해서 幽玄이라고 이름 지은 미의식을 선호했다. 비참하게 죽은 무사의 혼령이 神佛의 도움으로 편안한 휴식을 얻게 하는 연극을 오묘한 조화의 원리를 구현해 공연하도록 했다.

일본에서 武士가 국권을 장악할 때 한국에서도 지배층의 변동이 일어나 士大夫가 등장했다. 무사와 사대부는 그 전까지의 지배자 귀족 하위의 제2위 신분이며 지방에 근거를 두고 있다가 제1위로 올라서서 중앙 정계를 장악한 공통점이 있다. 한국의 사대부는 상층 노래 한시 창작에서 전대의 귀족보다 더욱 진전된 성과를 보여주면서, 하층의 민족어 전승을 받아들여 대립을 넘어서서 조화로움을 얻는 길을 찾았다. 일본의 무사와 한국의 사대부는 문명권의 주변부와 중간부의 차이점을 보여주었다고 할 수 있다.

일본의 能는 '라사'(rasa) 연극의 한 형태이다. 幽玄은 인도어

라사에 해당하는 일본어라고 할 수 있다. 두 연극은 비참한 사태를 심각하게 다루다가, 중세의 종교적 이상주의에 근거를 두고 원만한 결말에 이르는 공통점이 있다. 그러면서 라사 연극에서처럼 초월적인 세계를 직접 나타내 神人合一을 구현하지는 않고, 能는 저승과 이승, 귀신과 사람을 연결시키는 구실을 승려가 맡아서 하는 특징이 있다.

중세에서 근대로의 이행기에는 종교적 이상주의에 대한 불신이 일어나 사고 형태가 달라졌다. 사람 마음속에나 있을 神이 밖으로 뻗어나가 적대적인 관계의 승패를 나누다가 원만한 결말에 이르는 연극을 선호하는 변화가 일어났다. 연극의 진행에 관중이 참여해 모두 함께 즐거움을 나누는 신명풀이를 세계 여러 곳에나 하게 되었다. 그런데 인도, 인도네시아, 일본, 유럽 등지의 신명풀이 연극은 상층의 라사 연극이 위세를 부려 독자적인 특징을 분명하게 하는 데 지장이 있었으나, 한국은 그렇지 않아 탈춤에서 신명풀이 연극의 전형적인 모습을 보여주었다.

주제어: 能, 탈춤, 幽玄, 신명풀이, 비교연극학

머리말

한·일 전통극 비교 연구에 관한 이 논문은 대한민국학술원 2008년도 연구 과제이다. 비교 연구는 만남의 소산이어야 하는데 적절한 기회를 몇 번 얻었다. 일본 학자들과 함께 두 차례 발표와 토론을 하고 다진 문제의식을 출발점으로 삼아 연구를 시작했다. 이 연구를 진행하는 동안에 일본에 다시 가서 논란을 벌일 수 있었다.

일본학사원과 대한민국학술원이 공동으로 주최해 2008년 9월 24일부터 26일까지 일본 東京에서 열린 '일·한학술포럼'에서 이 논문의 개요를 발표하고 돌아와 보완한다. 일본에서 구한 자료를 가지고 보충논의를 한다. 연구 진행에 전공이 다른 보조 연구원의 도움이 있었다. 이런 사유가 있어 구성이 다소 복잡하게 된 것을 먼저 설명한다.

〈문제 제기〉에서 〈학풍의 합작〉까지는 논문의 본문이다. 일본에서 개최된 행사에서는 이 글의 축소판 국문본과 일역본을 배부하고, 구두 발표는 더 줄여서 했다. 〈보충논의 1〉은 그때 있었던 토론한 내용과 알아낸 사실에 대한 보고이다. 〈보충논의 2〉는 행사를 마치고 일본에 머물면서 수집한 자료에서 얻은 성과에 대한 고찰이다. 〈보충논의 3〉은 보조 연구원이 자기 시각에서 별도로 집필한 부분이다.

본문과 보충논의 셋으로 이루어진 내용을 한데 섞어 전문을 재

집필하는 것이 논문 완성의 통상적인 방법이니 따라야 하지 않을까 하고 생각해보았다. 그러면 모든 것이 한꺼번에 이루어진 것 같이 이해되어 사실과 어긋난다. 연구의 진행 과정이 내용 못지않게 소중한 의의가 있다고 보아 특이한 구성 방식을 택한다.

본문과 보충논의는 서술 방식에 차이가 있다. 본분에서 다진 질서에서 이탈해야 보충논의를 제대로 할 수 있고, 보충논의는 각기 달라야 할 사정이 있기 때문이다. 부조화를 나무라지 말고 다양한 접근으로 평가해주기를 바란다.

일본어 인명이나 용어는 한자로 적고, 일본어 발음으로 읽어야 맞아 들어가는 토를 단다. 일본어 인용문 번역은 직역이어서 어색한 대목이 있다. 오독이나 오역이 있지 않을까 염려된다.

문제 제기

문화 비교에는 위험이 따른다. 지식의 불균형 탓에 논의가 부실해질 수 있다. 일방적인 기준으로 정상과 비정상을 판가름하는 잘못이 흔히 있다. 필요한 논증을 거치지 않고 결론을 앞세워 인기를 끌려고 하는 폐단도 있다. 바람직하지 않은 논의가 누적되어 학문을 무력화하는 데까지 이르지 않을까 염려된다.

한국과 일본 두 나라 문화의 비교는 쌍방의 긴요한 관심사이고 이미 많이 진행되고 있으나, 이러한 위험에서 벗어나지 않고 있다. 감각적인 문체로 인상비평을 늘어놓은 대중 출판물이 아주 많아 찾아서 시비를 가리기 어렵다. 내용보다 시각이나 방법을 더욱 중요시해야 한다는 대안을 제시하고, 비교문화를 학문으로 연구하기 위해 노력하고 하는 것이 마땅하다. 비교문화학에 대한 원론적인 토론이 선결 과제이다.

비교 대상의 공통점과 차이점을 사실 그대로 정리하면 논의가 정상화되는 것은 아니다. 사실의 이면에 대한 역사적인 또는 원리적인 해명을 시도해야 한다. 비교 대상을 포함한 더 넓은 영역에 대한 총괄적인 이해를 다시 하려고 힘쓰면서 비교 연구에서 일반 이론 정립으로 나아가는 것이 바람직하다. 작업의 어려움을 인정하고 신중하게 접근하고 깊이 있는 반성을 하면서 할 일을 해야 한다.[134]

추상적인 원론을 길게 전개하는 것은 마땅하지 않아, 한·일 문화 비교론을 두 나라 학자들이 만나 전개한 체험에서 구체적인 논의의 단서를 마련한다. 일본 能의 幽玄과 한국 탈춤의 신명풀이를 예증으로 삼아 비교 연구의 시각과 방법을 가다듬고자 한다. 그 결과 한·일 문화의 상호 이해를 심화하는 데 그치지 않고, 세계적인 범위에서 비교문화학의 새로운 경지를 개척하는 전망을 얻는 것까지 기대한다.

---

134) 비교 연구의 방법을 바로잡아 일반 이론 정립에 이르는 작업에 관해 《세계·지방화시대의 한국학 6: 비교연구의 방법》(대구: 계명대학교출판부, 2007); 《세계·지방화시대의 한국학 7: 일반이론 정립》(대구: 계명대학교출판부, 2008)에서 고찰했다.

能와 탈춤은 假面舞劇이라는 공통점이 있으면서 많이 다르다. 能의 幽玄과 탈춤의 신명풀이는 거의 반대가 되는 원리이다. 그러나 각기 자기 것의 연구에 몰두하면서 거리를 멀리하고 말 것은 아니다. 차이점을 공동의 관심사로 삼고, 역사적·이론적 해명을 함께 하는 비교 연구를 하려고 고민해야 하는 시기에 이르렀다. 이 둘은 동일한 문화 형태의 상이한 발전인가, 연극미학에서 상보적인 관계를 가지는가 하는 문제를 제기하고 가능한 해답을 찾는 것이 마땅하다.

논의의 시발점

한국과 일본 사이에서 가장 불행한 일이 일어난 지 4백 년이 된 1992년에 '92한국문화통신사'라는 행사가 일본에서 열렸다. 전쟁의 상처를 극복하고 두 나라가 우호적인 관계를 회복한 전례를 되살려 오늘날 더욱 가까워지는 길을 찾고자 했다. 그때 일본에 가서 이 논문을 쓰게 되는 발상의 연원을 마련했다.

그 행사의 하나로 '한·일문화포럼'이 1992년 7월 2일 東京에서 열렸다. "한국문화와 일본문화: 그 동질성과 이질성"을 공동 주제로 삼고, 두 나라 학자 5인씩 모두 10인의 발표가 있었다. 발표마다 두 나라 학자 2·3인이 토론했다. 그 결과를 정리한 단행본이 두 언어로 출판되었다.[135]

---

135) 《한·일문화의 동질성과 이질성》(서울: 신구미디어, 1993); 《韓國文化と日本

그 모임에서 나는 〈한·일문학 특질론 비교〉라는 발표를 했다. 두 나라 문학의 특질에 대한 논의의 내력을 살피고 특질 비교의 방향을 제시한 내용이다. 긴요한 사항을 간추려 재론하고 그 뒤에 한 작업을 추가해 새로운 논의의 출발점으로 삼고자 한다.

일본문학 특질에 관한 논의를 두 책에서 찾았다. 加藤周一, 《日本文學序說》(1975)에서는 일본문학은 네 가지 특질이 있다고 했다. 철학이 발달하지 않아 문학이 철학을 대신하고, 새것이 낡은것에 첨가되고, 시 형식이 단형이고, 자기 신분층의 생활만 집중해서 다루는 특징이 있다고 했다. 小西甚一, 《日本文藝史》(1985-2009)는 일본문학의 특질이 짧은 형식을 좋아하고, 대립이 첨예하지 않으며, 主情的이고 內向的이어서 비극이 없는 것이라고 했다.

두 사람이 든 일본문학의 특질은 재론의 여지가 없는 것으로 보인다. 그러나 加藤周一가 일본의 시 형식이 단형인 것은 존비법이 발달된 언어를 사용했기 때문이라고 한 것은 수긍할 수 없다. 한국어 또한 존비법이 발달했지만 시형이 일본처럼 단형인 것은 아니기 때문이다. 이러한 사실에서 한 나라의 사정만 들어 언어와 문학의 관계를 해명할 수 없으며, 비교 연구가 반드시 필요하다는 증거를 발견할 수 있다.

小西甚一는 일본문학의 특질을 한국문학과 비교하면서 살폈다. 일본문학은 단형이고 서양문학은 장형이며, 한국문학은 중간형이

文化》(東京: 韓國文化院, 1993)

라고 했다. 한국어문학은 일본문학처럼 주정적이고 내향적이며, 한국한문학은 중국문학의 영향을 받아 주의적이고 주지적이라고 했다. 이것은 한국문학이 일본문학과 다른 먼 곳의 문학 사이의 중간형일 것이라고 여기는 사고의 틀에서 나온 견해라고 할 수 있고 사실과 부합되지 않는다. 한국문학은 몇 천 행이나 되는 시, 백 책 이상의 소설이 있어 아주 장형인 편이다. 구비문학·국문문학·한문학이 근접된 관계를 가지고 서로 얽힌 것이 또 하나의 특징이며, 그 때문에 어느 것이든지 주정적이면서 주의적이고, 내향적이면서 주지적이다.

두 논자가 말한 일본문학의 특질은 한국문학의 경우와 상당한 거리가 있다. 한국문학에서는 철학과 문학이 밀접한 관련을 가져 문학이 철학이고 철학이 문학이라고 할 수 있다. 길고 복잡한 구조를 가진 작품에서 여러 신분층의 상이한 주장을 겉 다르고 속 다른 방식으로 나타내는 것을 흔히 볼 수 있다. 두 나라 문학의 특질 파악을 하기 위해 상호 조명이 필요하며, 특질이 생긴 이유를 알아내려면 문화나 역사 전반에 관한 비교가 요망된다.

위치의 차이

한국에서는 한국문학의 특질에 관한 관심이 적은 것이 일본의 경우와 다르다. 한국문학사를 서술하면서 특질론을 곁들이지는 않는다. 1994년 2월 10일 일본 京都 國際日本文化研究센터에서 小

西甚一와 함께 문학사학에 관해 논의할 때 학풍의 차이를 절감했다. 小西甚一는 일본문학사에서 일본문학의 특질을 밝히고자 한다고 하고, 나는 한국문학사를 출발점으로 삼아 문학사 전개의 보편적인 원리를 찾겠다고 했다.

小西甚一는 일본에서 고대는 일본 고유의 시대이고, 중세는 중국화의 시대이고, 근대는 서양화의 시대라고 했다. 이런 견해가 한국문학사에는 적용되지 않는가 하는 질문이 있어, 나는 "그렇다면 중국의 중세도 중국화의 시대이고, 서양의 근대도 서양화의 시대인가?"하고 되물었다. 한국문학사에서 얻는 나의 견해, 중세는 공동문어의 시대여서 그 이전의 고대, 그 이후의 근대와 다르다는 것은 일본·중국·서양에서 널리 타당하다고 했다.

나는《한국문학통사》(1982~1988)에서 한국문학의 전개를 그 자체로 이해해 얻은 성과를 동아시아문학에 적용해《동아시아문학사비교론》(1993),《하나이면서 여럿인 동아시아문학》(1999)을 이룩했다. 동아시아문학을 다른 여러 문명권의 문학과 비교하는 작업을《공동문어문학과 민족어문학》(1999),《문명권의 동질성과 이질성》(1999),《철학사와 문학사 둘인가 하나인가》(2000),《소설의 사회사 비교론》(2001) 등에서 다각도로 진행했다.《카타르시스·라사·신명풀이》(1997)에서는 연극미학 비교론을 전개했다. 이런 성과를 모아《세계문학사의 전개》(2002)를 결론으로 내놓는 데까지 이르렀다. 이런 일련의 연구에서 정립한 문학사 전개의 보편적인 이론을 비교 연구를 새롭게 하는 데 이용하고, 한·일 문학 특질 이해에 적용했다.

공동문어 이전의 고대에서 시작해, 공동 문어와 민족어를 이중으로 사용하는 중세로 나아갔다가, 민족어를 공용어로 하는 근대에 이른 것이 세계사 또는 세계문학사 전개의 공통된 과정이다. 중세에 공동문어를 함께 사용한 곳이 동일 문명권을 이루어, 한문·산스크리트·아랍어·라틴어문명권이 병립했다. 그러면서 어느 문명권에나 중심부·중간부·주변부가 있어 공동문어와 민족어의 관계 양상이 달랐다. 중심부에서는 공동문어의 위세가 민족어의 성장을 막았고, 주변부에서는 공동문어보다 민족어를 애호했으며, 중간부에서는 공동문어와 민족어가 근접되어 우열이 표리에서 엇갈렸다.

동아시아문명권에서 중국은 중심부이고, 한국은 중간부이고, 일본은 주변부였다. 공동문어문학은 중국·한국·일본, 민족어문학은 일본·한국·중국 순서로 발달했다. 중국은 한문학의 발달을 선도한 본고장이여서 白話詩의 등장이 가장 뒤떨어졌다. 일본에서 철학보다 문학이 우세한 것은 민족어 글쓰기를 일찍부터 발전시킨 결과이다. 한국문학에서는 여러 신분층의 상이한 주장이 뒤섞이고, 구조가 복잡하고 분량이 방대한 작품이 흔한 것은 공동문어와 민족어가 부딪친 자취이다.

문명권의 중심부·중간부·주변부는 시대에 따라 변했다. 중세의 주변부에서 근대화를 선도해, 후진이 선진임을 입증했다. 중세에는 후진의 징표였던 민족어문학이 근대에는 민족정신의 원천으로 평가되고, 공동문어문학에 집착하는 것을 후진이라고 폄하하는 역전이 일어났다. 유럽에서는 영국이, 동아시아에서는 일본이 그렇게 하는 데 앞장섰다. 근대가 역사의 종말은 아니다. 커다란 변화를 다시 겪고 다음 시대에 들어선다고 보는 것이 마땅하다. 중세의 평가를 근대가 뒤집는 것과 같은 일이 또 일어날 것이다.

한·일 문화 특질 비교론이 학문적 근거를 제대로 갖추려면 이런 거시적인 관점을 가지고 다면적인 고찰을 해야 한다. 두 나라 사이에 시빗거리가 있다는 생각을 버리고 세계 문명사의 광범위한 이해에 근거를 둔 이론적인 시각을 갖추는 것이 바람직하다. 어느 문명권에나 중심부·중간부·주변부가 있어 기본 특질이 일치한다는 것을 알면, 두 나라가 각기 지닌 특수성이 인류 문명사의 보편성으로 인식될 수 있다.

두 연극의 거리

能와 탈춤의 비교를 구체화하기 위해 1992년도의 모임으로 되돌아가자. 내 다음 순서로 松岡心平, 〈能の想像力〉(〈能의 상상력〉)이라는 발표가 있었다. 能의 특질을 해명하면서 서두에서 한국과 비교를 했다. 그런데 비교 대상은 논자가 직접 구경하고 충격을 받은 사물놀이만이고, 탈춤은 다루지 않았다.

사물놀이는 탈춤에서 사용하는 것과 상통하는 음악이고 연극은 아니다. 그래서 비교가 미비하다. 能와 사물놀이를 비교해서 한 말을 간추려 옮기고, 추가할 수 있는 말을 적어 보충하기로 한다.

能	**탈춤**
靜	動
內心	活力
몸을 수평으로 움직인다.	몸을 수직으로도 움직인다.
신체의 움직임을 억제한다.	신체의 움직임을 활성화한다.
안목 있는 사람만 알아본다.	누구나 함께 즐긴다.
관중은 조용히 음미한다.	관중이 진행에 개입한다.
幽玄	신명풀이

위에서 든 몇 가지 차이점을 집약한 개념이 幽玄과 신명풀이이다. 幽玄은 내심에서 얻어지는 그윽하고 격조 높은 조화의 아름다움이다. 몸을 조금씩 수평으로만 움직여야 한다. 신명풀이는 여럿이 함께 활력 있게 움직이면서 즐거움을 한껏 누리는 행위이다. 몸의 움직임을 활성화해야 한다.

이러한 차이점이 어떻게 해서 생겼는가? 이에 관해 松岡心平가 제시한 견해를 간추린다. 能 이전 3백 년 동안 일본을 대표하는 예능이었던 田樂는 한국의 농악과 이름조차 비슷하며, 활력 있게 신체를 움직이는 점에서도 다르지 않았다. 能도 처음에는 같은 방식으로 공연을 하다가 나중에 지금과 같이 되었다.

能의 제1대 명인 觀阿彌는 50대에 작고할 때 몸을 조심스럽게 움직이는 연기를 했다. 아들인 제2대의 명인 世阿彌는 젊어서 활달하게 놀다가 50대가 되자 아버지처럼 변신했다. 이것은 "나이가 들어감에 따라 육체가 노쇠하기 시작한 연기자가 마지못해서 선택하는 소극적인 억제 연기"였다.[136] 만년의 선택이 격조가 높아 훌륭하다는 것을 《風姿花傳》등의 저술에서 한자어나 불교의 용어를 많이 들어 설명해 能의 이론이 되게 했다. "田樂 단계에서는 일본인이 여전히 갖고 있던 도약적 신체가 能를 중심으로 하는 허리의 예능의 규제력에 의해서 억압되어 마침내 일본인은 농악적 신체를 지닐 수 없게 되고 말았다"고 했다.[137] 이것이 후대의 能에 그대로 이어졌다.

松岡心平는 다른 글에서 能의 모체가 되는 선행 예능은 실크로드에서 당나라를 거쳐 들어온 猿樂(사루가쿠)라고 했다.[138] 田樂를 내세우는 재래설과 猿樂를 드는 외래설이 함께 등장해 판가름하지 못하고 있다고 할 수 있다. 그러나 선행 예능과 能의 관계에 관한 견해는 흔들리지 않는다. 단순한 형태의 빠른 놀이를 복잡한 구성을 갖추고 느리게 공연물로 만들면서 世阿彌가 "젊은이의 예술을 늙은이의 예술로 전환"한 것은 일본 예능사에서 비상하게

---

136) 松岡心平, 〈能의 상상력〉, 《한·일문화의 동질성과 이질성》, 200면.

137) 같은 글, 같은 책, 207면.

138) 松岡心平, 〈能の 歷史〉, 松岡心平 編, 《能って, 何?》(東京: 新書館, 2000), 190면.

큰 사건이라고 다시 말했다.[139)]

상층문화와 하층문화

논의를 더 진행하기 위해서 한국의 탈춤에 대한 나의 연구를 소개할 필요가 있다. 《탈춤의 역사와 원리》(1979)에 이르는 일련의 논저에서는 탈춤을 그 자체로 고찰했다. 《카타르시스·라사·신명풀이》(1997)에서는 한국 탈춤의 원리 신명풀이를 고대 그리스 연극, 중세인도 연극과 비교해 고찰하면서 연극미학 일반론을 새롭게 이룩했다. 두 저작을 합치고 보완해 《탈춤의 원리 신명풀이》(2006)를 냈다.

내가 연구한 바를 보태서, 두 나라 가면무극 형성 과정을 비교해보자. 일본의 田樂와 한국의 농악은 빠르게 진행되는 농민 놀이라는 공통점이 있다. 이런 것들을 모체로 해서 가면무극이 이루어진 점도 서로 같다. 그런데 농민 놀이의 진행 속도를 일본에서는 최대한 늦추어 能를, 한국에서는 더욱 빠르게 해서 탈춤을 만들었다.

느림과 빠름은 상층과 하층의 취향이다. 能와 탈춤의 차이점을 위에서 여럿 들었지만, 가장 긴요한 것이 상층 연극과 하층 연극이라는 데 있다. 상층은 느린 동작으로 내심을 드러내고, 하층은 빠르게 움직이면서 활력을 나타내는 것을 원했다. 일본에는 상층

---

139) 앞의 글, 앞의 책, 193면.

연극만 있어 앞의 것을, 한국에는 하층 연극만 있어 뒤의 것을 보여주었다고 보아 마땅하다.

연극과 함께 사용된 또 하니의 표현 형태는 노래이다. 노래는 연극에 포함되어 있기도 하지만, 독립된 것이 본래의 영역이다. 한국의 상층은 하층의 연극만 있고 상층의 연극은 없어 한시라는 노래를, 일본의 하층은 연극을 상층에서 가져가 민요라는 노래를 자기네 의식 표현의 형태로 삼았다. 연극과 노래를 함께 다루어 다음과 같은 표를 만들 수 있다.

	일본	한국
상층	상층 연극 能	상층 노래 漢詩
하층	하층 노래 民謠	하층 연극 탈춤

能의 향유자 武士는 전대의 貴族이 가꾼 상층 노래 漢詩를 이어받기에는 역부족이어서 전문화된 배우가 제공하는 상층 연극을 자기네 연극으로 삼아 즐겼다. 상층 문화의 이상이 연극에서 구현되기를 바라고 幽玄이라고 이름 지은 미의식을 선호했다. 비참하게 죽은 무사의 혼령이 神佛의 도움으로 편안해지기를 기대하면서 모든 것을 아우르는 오묘한 조화를 희구했다.[140] 이런 연

---

140) Chifumi Shimazaki, *Warrior Ghost Plays from Japanese Noh Theatre, Parallel Translations with Running Commentary* (Ithaca: East Asia Program Cornell University, 1993)

극이 幽玄을 실현하는 能이다.

언어 사용에서 能는 민족어문학이다. 문명권의 주변부에서는 공동문어문학에서 민족어문학으로 이행하는 변화가 일찍 나타난 것이 상례이다. 그렇다고 해서 상층이 하층에 가까워진 것은 아니었다. 민족어문학에서 상층 의식을 나타내면서 공동문어문학의 전통과 가까운 관계를 가져 하층에 대한 우위를 확고하게 하려고 했다.

일본에서 武士가 국권을 장악할 때 한국에서도 지배층의 변동이 일어나 士大夫가 등장했다. 무사와 사대부는 그 전까지의 지배자 貴族 하위의 제2위 신분이며 지방에 근거를 두고 있다가 제1위로 올라서서 중앙 정계를 장악한 공통점이 있다. 한국의 士大夫는 상층 노래인 한시 창작에서 전대의 귀족보다 더욱 진전된 성과를 보여주면서, 하층의 민족어 전승을 받아들여 대립을 넘어서서 조화로움을 얻는 길을 찾았다. 이것이 문명권의 주변부와 다른 중간부의 특징이라고 할 수 있다.

世阿彌(1333-1384)가 幽玄을 고안할 무렵 한국에서 李穡(1328-1396)은 사람이 만물과 합치되어 "物我一心"의 경지에 이르는 것이 바람직하다고 했다.[141) 物我一心을 一心이라고 줄여 말하기로 하자. 幽玄과 一心은 대립과 갈등을 넘어서서 얻게 되는 궁극적 조화라는 공통점이 있다. 대립과 갈등이 사람들 사이

---

141) 조동일, 《세계·지방화시대의 한국학 5: 표면에서 내면으로》(대구: 계명대학 교출판부, 2007), 253면.

에서 생긴다고 여긴 것은 같다. 조화가 世阿彌는 초월적인 존재와의 만남에서 가능하다고 하고, 李穡은 사람과 만물이 하나여서 인정된다고 한 것은 다르다. 만물과 一心이어야 한다는 지론은 관념을 버리고 현실을 받아들이고, 하층민의 삶에 대해 깊은 관심을 가지자는 주장을 내포했다.

田樂가 能로 발전해 크게 평가되고 위세를 떨쳐, 하층 연극은 쇠퇴한 것이 일본의 사정이다. 그 행방을 찾고자 뜻을 이루기 어려웠다. 田樂에서 뛰어난 기능을 보인 '田樂師'(덴가쿠시)를 본받아 觀阿彌가 能를 만들었다고 하고, 地方藝能이 별도로 전승되었다고 한다.[142] 이 정도의 말을 발견했을 따름이고, 자세한 고찰을 한 논저를 발견하지 못했다. 오늘날까지 공연되는 지방의 하층 연극이 있는지도 의문이다.

한국에는 상층 연극이 나타나지 않고 상층 예술이 한시여서, 하층 연극 탈춤이 상층에서 오는 제약이나 타격도 받지 않고 전승되고 성장했다. 하층 연극 공연에 상층이 관심을 가지지 않아 묵인되는 영역이거나, 구태여 다스릴 필요가 없다고 여긴 일종의 치외법권 지대였다고 할 수 있다. 그래서 역사 기록에 자취를 남기지 않았다. 하회탈춤은 고려 시대에 만들었다는 가면을 간직하고 있다. 조선 전기 탈춤에 관해서는 단편적인 언급만 있다. 하층 민중의 의식이 각성되고 세력이 성장한 18·19세기에 이르러 여러 지방에서 탈춤이 크게 발전한 것으로 보아 마땅하다. 문헌 고증

---

142) 梅若猶彦, 《能樂への招待》(東京: 岩波書店, 2003), 81·79면.

의 방법으로 연극사를 쓰는 것은 가능하지 않다.

탈춤 공연자들은 신명풀이의 원리라고 할 것을 스스로 마련하고 키워왔다. 신명풀이가 무엇인지 알려면 신명에 대한 고찰부터 할 필요가 있다. 신명은 한자로 적으면 '神明'이라고 할 수 있다. 한자의 뜻을 들어 풀이하면, '神'은 鬼神의 神이기도 하고 精神의 神이기도 하다. '明'은 깨어 있어 밖으로 드러난다는 것이다. 19세기 氣철학자 崔漢綺가 '神氣'라고 한 것이 신명이다. '氣'가 '明'으로 나타난다. 신명이라는 말은 이제 한자어 어원을 의식하지 않고 사용하는 말이 되었고 한글로 적는 것이 마땅하다.

사람이 살아가노라면 신명이 축적되어 풀어내지 않을 수 없게 된다. 신명은 興이기도 하고 恨이기도 해서 흥도 풀고 한도 풀어야 한다. 신명은 여럿이 함께 어울려야 제대로 푼다. 신명은 같기도 어긋나기도 한다. 어긋나서 서로 다투고, 같아서 함께 즐거워한다. 싸움이 화합이고 화합이 싸움임을 격렬한 놀이에서 확인하면 신명풀이가 고조된다. 적대적인 관계를 싸움으로 표출해 싸움이 화해이고 화해가 싸움이게 하는 사회 비판과 개조의 행위가 탈춤에서 하는 신명풀이이다.

싸움이 화해이고 화해가 싸움이다. 상극이 상생이고 상생이 상극이다. 이렇게 말할 수 있는 원리는 幽玄이나 一心에도 있다. 그런데 싸움이 화해가 되고 상극이 상생인 것이 幽玄에서는 초월적 능력의 개입으로 가능하고, 一心에서는 아무 조건이나 절차 없이 인정되지만, 신명풀이에서는 싸움을 격렬하게 하고 상극을 심각하게 겪어 얻는 결과이다.

雅와 俗이라는 용어를 사용하면서 논의를 진전시키자. 幽玄이나 一心은 공동문어문명의 규범을 구현한 雅이고, 신명풀이는 하층이 전승하는 민속문화의 발랄함을 보여주는 俗이다. 雅·俗의 관계는 동아시아문명의 공통된 특질과 각국에서의 변이 양상을 밝히는 데 관건이 되는 개념이다.

雅를 구현하는 상층 연극이 일본에는 있고 한국에는 없는 것은 우연이 아니고, 주변부와 중간부의 차이라고 이해하는 것이 가능하다. 雅의 영역인 한시가 약화된 것이 주변부의 상황이어서 연극이 치밀어 올라가 그 구실을 대신하고, 중간부에서는 한시가 雅를 강화하면서 俗의 관심사까지 끌어들이자 俗에서 반격이 일어나 雅에 타격을 주었다고 할 수 있다. 문명권의 중심부인 중국에서는 雅의 한시가 자기 영역을 지키면서 영향력은 줄어들고 있어 俗의 연극이 서서히 상승했다고 할 수 있다.

한시사와 연극사는 전혀 별개의 영역으로 취급되어왔지만 깊이 얽혀 있다는 사실이 발견되었다. 어느 한쪽의 결격 사유를 다른 쪽에서 보충하면서 총체적인 문화사가 전개되었다. 이런 관점에서 살피면, 서로 다르기만 한 것들은 그럴 만한 이유가 있다. 비교 연구의 범위를 확대하고 방법을 새롭게 해야 한다는 것을 더욱 분명하게 알아차릴 수 있다.

기본 원리의 상관관계

연극 미학의 기본 원리가 고대 그리스 연극에서 유래한 '카타르시스'(catharsis)라고만 하는 것은 유럽문명권중심주의의 횡포이다. 카타르시스 이론의 독주를 비판하고 중세 인도 산스크리트극의 '라사'(rasa) 또한 보편적인 의의를 가진다고 인도 학자들은 주장하고 있다. 한국 탈춤의 신명풀이는 그 둘과 다른 또 하나의 기본 원리를 이룬다고 나는 밝혀 논했다. 셋을 비교해 얻은 성과를 간추리면 다음과 같다.

카타르시스	라사·신명풀이
파탄에 이르는 결말	원만한 결말

라사	카타르시스·신명풀이
우호적인 관계의 차질	적대적인 관계의 승패

신명풀이	카타르시스·라사
미완성의 열린 구조	완성되어 닫힌 구조

이렇게 정리된 카타르시스·라사·신명풀이는 연극미학의 세 가지 기본 원리이다. 대등한 위치에서 서로 맞물려 있어 다른 기본 원리의 존재를 부인한다. 세 기본 원리 가운데 어느 것이 시대에 따라 특히 긴요한 구실을 한 자취가 확인된다. 카타르시스는 고

대, 라사는 중세, 신명풀이는 중세에서 근대로의 이행기의 사고 형태를 집약해 보여주었다.

神人 관계가 시대를 검증할 수 있게 하는 징표이다. 종교적인 이상주의가 정착하기 전인 고대에 신이 인간의 운명을 부당하게 좌우해 생긴 神人不合의 파탄에서 카타르시스가 연유한다. 적대적인 관계에서 벌어지는 승패 다툼이 신인불합 때문에 파탄에 이르는 전개가 연극에서는 그리스의 것만 남아 있으나 서사시에서는 널리 발견되어 보편성이 입증된다.

중세에는 종교적인 이상주의가 일반화되어 연극에서도 神人合一을 구현했다. 숨은 진실을 알자 대립과 갈등이 우호적인 관계에서 생긴 차질임이 밝혀져 원만한 결말에 이르는 것을 공식으로 삼았다. 인도의 산스크리트극뿐만 아니라, 네팔이나 티베트의 무용극, 인도네시아의 그림자극, 중국 원대의 雜劇, 베트남의 창극, 더 나아가서 중세 유럽의 종교극도 유사한 특징을 지녔다고 할 수 있다.

중세에서 근대로의 이행기에는 종교적 이상주의에 대한 불신이 일어나 사고 형태가 달라진다. 사람 마음속에나 있을 神이 밖으로 뻗어나가 적대적인 관계의 승패를 나누는 연극에 관중이 참여해 모두 함께 즐거움을 나누는 원만한 결말에 이르렀다. 한국의 탈춤만 이렇다고 할 수 있는 것은 아니다. 인도의 타마사(tamasa), 인도네시아의 루드루크(ludruk), 유럽의 코메디아 델 아르테(commedia dell'arte), 그리고 세계 도처에 있는 거리굿 형태의 연극이 모두 상통하는 것들이다.

한국의 탈춤을 본보기로 들어 신명풀이 연극의 특성을 분석한
것은 가까이 있어 잘 알 수 있고, 신명풀이의 모습을 선명하게 간
직하고 있는 두 가지 이유가 있기 때문이다. 첫째 이유는 상대적
이지만 둘째 이유는 절대적이다. 인도, 인도네시아, 유럽 등 다른
곳의 신명풀이 연극은 상층의 라사 연극이 위세를 부려 독자적인
특징을 분명하게 하는 데 지장이 있었으나 한국은 그렇지 않아
탈춤이 신명풀이 연극의 전형적인 모습을 보여준다.

이런 견해에 입각해 다시 살피면, 일본의 能는 라사 연극의 한
형태이다. 幽玄은 라사에 해당하는 일본어이다. 비참한 처지를 심
각하게 다루다가 원만한 결말에 이르는 이유가 종교적 이상주의
에 있다. 그러면서 저승과 이승, 귀신과 사람을 연결시키는 구실
을 승려가 맡아서 하고, 초월적인 세계를 직접 나타내 神人合一
을 구현하지는 않는 특징이 있다. 이념 구현이 그리 분명하지 않
다고 할 수 있으나, 공연을 다른 어느 경우보다도 엄숙하게 진행
한다.

라사 연극인 能에 곁들여 신명풀이 연극인 狂言(쿄겐)을 보여
주는 것은 다른 어디에도 없는 특이한 방식인데 납득할 수 있는
이유가 있다. 지나치게 엄숙하면 부담이 되니 풀어주는 절차가 있
어야 한다. 그런데 能의 라사는 강력하고, 狂言의 신명풀이는 미
약해 균형을 이루지 못한다. 미약한 상태에서 제대로 뻗어나지 못
하는 신명풀이는 해방감을 누리지 못해 불만을 초래할 수 있다.

能는 위세가 너무 커서 후대의 다른 연극까지 지배하다시피 했다. 文樂(분라쿠)나 歌舞伎(가부키)는 무사의 연극이 아니고 町人을 위한 市井의 공연물이므로 신명풀이를 원리로 하는 것이 당연하지만, 能를 이어야 하는 부담에서 벗어나지 못했다. 能에서 형성된 연극의 원리를 俗化해 보여주면서 위신을 차리고 흥행에 성공하고자 했다. 그것은 현명한 선택이었다고 할 수 있으나, 한국의 탈춤처럼 신명풀이를 온전하게 하지 못하는 대가를 치러야 했다.

학풍의 합작

일본은 정밀한 고증을 잘하고, 한국은 거시적 통찰을 장기로 삼는다. 이 둘 가운데 어느 쪽이 우월한가 하고 다투거나, 한쪽의 견지에서 다른 쪽을 폄하하는 것은 잘못이고 도움이 되지 않는다. 둘은 상극이므로 상생이어야 한다. 거시적 통찰이 없으면 정밀한 고증이 허사가 되고 빗나갈 수 있다. 정밀한 고증을 갖추지 못하면 거시적 통찰이 신뢰를 얻지 못하고 망상으로 취급될 수 있다. 둘이 상생 관계를 가지면 단점이 없어지고 장점이 증폭된다.

근대학문을 유럽문명권에서처럼 하려고 일본과 한국이 각기 일면의 노력만 해서는 수준의 격차를 좁일 수 없다. 이제는 근대를 넘어서서 다음 시대로 나아가야 하므로 근대학문을 극복하는 대안을 내놓아야 한다. 이것은 비약적 전환이어서 특단의 방법이 필요하다. 일본과 한국 두 나라의 상이한 문화 전통에서 유래한 극단적인 상극이 일거에 상생으로 전환되면 핵융합에 견줄 만한 힘이 있어 학문의 역사를 돌려놓을 수 있다.

여기서 전개한 견해는 기본 발상에서는 대단한 수준이라고 자부하지만, 아직 미비하고 엉성하다. 타당성을 입증해 완성품을 만들려면 두 가지 작업이 함께 필요하다. 세부적인 사실에 대한 정밀한 고증을 보충하면서, 거시적 통찰의 논리를 더욱 발전시켜야 한다. 두 나라 학자들이 긴밀한 관계를 가지고 자기 장기를 상대방에 제공하면서 밀접하게 교류하고, 더 나아가서 공동 연구를 하기까지 하는 두 단계의 합작을 하는 것이 바람직하다.

안이한 타협은 금물이다. 외교적인 미사여구는 학문을 해친다. 당장은 더 많이 싸워 상극을 확대해야 상생의 힘이 커진다. 상대방 학문의 내부에까지 들어가 공격해야 상생으로의 전환이 촉진된다. 논문을 쓸 때에는 막연하게 기대하던 싸움이 실제로 벌어졌다. 일본이 자랑하는 정밀한 고증이 어느 정도 헛일이 되고 얼마나 빗나갔는지 낱낱이 지적하면서 공박하는 절호의 기회가 왔다. 그 기록을 보충논의에 수록한다.

보충논의 1

2008년 9월 24일부터 26일까지 일본 東京에서 한국학술원과 일본학사원의 공동 학술회의가 열렸다. 거기서 田仲一成, 〈日本と韓國の神事藝能の比較: 中國を媒介にした一考察〉(〈일본과 한국

218

의 神事藝能 비교: 중국을 매개로 한 한 고찰〉)과 내 논문이 짝을 이루어 나란히 발표되었다. 한·일 문화 비교론이 행사 전체의 공동 주제였는데, 사회학, 미학 및 미술사, 역사학에서 한 다른 발표에서는 비교를 적극적으로 전개하지 않았으며 토론이 없었다. 田仲一成 교수와 나는 시비를 가리지 않을 수 없는 발표를 하고 토론을 격렬하게 했다. 바라는 대로 되었다.

田仲一成 교수는 중국 연극사 전공자이다. 중국 연극사에 관한 방대한 저서가 여럿 있다. 이번 발표에서는 能와 탈춤의 형성에 대한 자기 나름대로의 견해를 제시했다. 佛教의 冥界圖에 보이는 放浪藝人의 모습을 자료로 삼아, 중국 전래의 예능이 일본에서 원형과 유사하게 전승된 것이 能이고, 한국에서는 상이하게 변모해 탈춤을 이루었다고 했다.

논문을 미리 읽고 나는 〈田仲一成, 日本と韓國の神事藝能の比較: 中國を媒介にした一考察に對한 所見〉이라는 토론문을 다음과 같이 작성해 가지고 갔다. 통역이 미비해도 이해 가능하게 하려고 한자어를 최대한 사용하고 한자로 적었다. 발표 전날 토론문을 전했더니, 발표 당일 일본 쪽에서 작성한 일역본을 배부했다.

中國의 放浪藝人이 韓國과 日本으로 渡來하고, 放浪藝人의 散樂에서 假面劇을 爲始한 後代의 諸般 藝能이 由來했다는 것을 論議의 前提로 삼았다. 그러나 各國의 放浪藝人은 獨自的으로 形成되고 相互交流했을 可能性이 더 크다. 特定地域에서 每年 一定한 時期에 公

演하는 假面劇 等의 民俗劇은 放浪藝能과 相異해 起源을 別途로 探索해야 할 것이다.

中國·韓國·日本 佛敎의 冥界圖에서 放浪藝人을 發見해 資料 擴大에 寄與했다. 放浪藝人이 中國이나 日本에서는 地獄 亡靈의 恐怖를 傳하는데, 韓國에서는 現世에서와 같이 豁達快活한 演戲를 하고 있는 興味로운 事實 發見을 評價한다. 亡靈이 登場하는 演劇이 中國이나 日本에는 存在하고 韓國에는 不在하는 것이 이와 關聯된다는 指摘도 首肯할 만하다. 그러나 差異가 생긴 理由는 解明하지 않았으므로 論議의 發展이 要望된다.

論文 表題에서 神事藝能을 比較하겠다고 했다. 佛敎의 冥界圖는 神事藝能에 關한 傍系的이고 間接的인 資料가 아닌가 한다. 神事藝能의 直接的인 樣相을 行爲傳承에서 찾는 것이 進一步한 方法이라고 생각한다. 韓國에서는 이에 關한 硏究가 相當한 程度로 進陟되었음을 報告하고 日本의 境遇는 如何한지 質疑한다.

神事를 爲한 굿(gut, rite) 또는 祭儀에서 藝能인 演劇이 發生했다고 하는 것이 全體的 槪要이다. 굿은 巫堂만 하지 않고, 農樂隊가 하는 마을굿(ma-eul gut, village rite)도 있다. 兩種 굿에서 兩種 演劇, 則 巫劇과 假面劇이 생겨났다.

巫堂은 賽神 節次의 一部로 巫劇을 한다. 神遊의 過程에서 神이 演劇 登場人物 役을 한다. 좋은 例가 濟州道에도 있고, 東海岸에도 있다. 神堂에 奉安했던 假面을 神으로 崇仰하는 祭祀를 每年 一定한 時期에 擧行한 後, 村人들이 그 假面을 着用하고 踏舞한다는 記錄이 示唆하는 바가 크다. 祭儀에서는 神의 假面이 演劇에서는 人

間의 假面이다. 河回에서는 이런 行事를 今日까지 傳承하면서 假面
劇을 公演한다.

他處의 假面劇도 大部分 마을굿과의 關聯을 維持하고 있다. 演劇
이 群衆遊戱의 한 節次인 것이 常例이다. 마을굿에서 分離되었다고
看做되는 假面劇에도 由來를 推定할 資料가 있다. 鳳山탈춤의 영감
이 미얄에게 "너는 윗목에 서고 내가 아랫목에 서면 이 동네에 雜
鬼가 犯치 못하는 줄 모르더냐"라고 했다. 演劇의 登場人物인 老翁
과 老軀가 元來 洞里 上部와 下部에서 立哨를 하던 神格이었음을
暗示한다.

굿에서 崇仰하는 神은 守護神이면서 多産神이다. 그런데 神遊에
서는 守護神의 威嚴은 後退시키고 多産神의 能力을 模擬的 性行爲
를 通해 誇張되게 演戱하면서 觀衆에게 笑謔을 提供한다. 崇高는
拒否하고 滑稽스럽기만 한 擧動의 連續에서 日常生活을 模寫하고,
現實的인 葛藤을 問題 삼는다. 觀念을 打破하고 權威를 顚覆하며
社會를 諷刺한다.

이렇게 된 理由는 祭儀를 傳承하면서 演劇을 創造하는 作業을
下層民의 共同體가 遂行한 데 있다. 共同體의 祭儀는 上層의 抑壓
에서 벗어나 下層民이 신명풀이를 마음껏 할 수 있는 好機였으므
로 獨自的인 藝術 創造에 積極 活用했다. 地域共同體의 下層演劇은
放浪演藝人의 公演처럼 收益을 얻어야 할 必要가 없어 上層을 果敢
하게 批判했다.

祭儀에서 演劇이 發生한 過程은 古代希臘의 境遇와 韓國이 基本
的으로 同一하다. 中國이나 日本 또한 相異하지 않았으리라고 생각

한다. 韓國이 特別한 점은 喜劇 選擇에 있다. 이에 關한 比較研究는 中國을 媒介로 韓·日의 事例를 考察하는 範圍를 上廻해 世界 全體로 擴大해야 한다. 悲劇과 喜劇 兩分法은 제3의 形態를 論外로 하는 缺陷이 있어, '카타르시스'·'라사'·'신명풀이'를 들어 논하는 演劇美學 理論을 本人이 開拓했다.

田仲一成 교수는 이에 응답하면서 반론을 제기하는 〈조교수의 신명풀이론에 대한 비평〉을 써서 일본어 원문과 한국어 번역본을 배부하고 발표했다. 모두 다섯 조항으로 이루어졌다. 요지를 간추려보자.

(1) 일본에서는 신명풀이 연극에 해당하는 田樂에서 能가 나왔으므로, 신명풀이와 幽玄은 병립하지 않고 선후 관계에 있다. 한국의 가면극은 신명풀이 단계에 머무르고 더 발전하지 못했다. (2) 신명풀이는 연극 이전의 것이다. 18세기 이후 한국 가면극의 미학적 특징은 신명풀이라기보다 깨어 있는 눈으로 타자를 보는 해학과 풍자로 규정해야 한다. (3) 能에도 신명풀이와 상통하는 상하 약동의 연기가 있다. (4) 고려 이전의 처용무는 能에 가까운 것이 아니었던가 싶으나, 조선 후기의 가면극은 너무 비속하다. (5) 한국에도 儺禮와 같은 상층 연극이, 일본에도 "옛날의 田樂이나 염불춤, 그 계통을 잇는 지방의 가면무도 壬生狂言(미부쿄겐)" 등의 하층 연극이 있다.

(1)·(3)·(5)는 기대하던 정보이다. 상하 약동의 연기를 하던 하

층 연극 田樂에서 能가 나왔다고 하는 것은 田仲一成 교수가 논의의 전제로 삼은 중국 전래설과 합치되지 않는다. (2)는 동의할 수 없는 견해이다. 18세기 이후 한국 가면극의 특징이라고 지적한 것이 신명풀이의 원리를 구성하는 일부의 요소이다. 신명풀이는 연극 이전의 것이 아니고 연극의 기본 원리이다. (4)와 (5)에서 한·일 양국에 상하층의 연극이 다 있다고 하고 말 것은 아니다. 한국에서는 하층연극이, 일본에서는 상층 연극이 우세해 다른 쪽을 압도한 이유를 밝히는 것이 긴요한 과제이다. 이에 관한 나의 작업에 불만이 있으면 자기 견해를 제시해야 한다.

이 가운데 (3)이 가장 긴요해 전문을 옮긴다.

幽玄을 이념으로 삼는 能 가운데도 신명풀이와 상통하는 상하약동의 연기가 있다. 예를 들면 "翁の三番叟"(오키나노산바소)가 그것이다. 田(밭)의 神인 翁(오키나)가 흰 가면을 쓰고 등장해 수평으로 이동하는 억제된 동작을 계속하지만, 三番叟(산바소, 세번째 늙은이)는 검은 가면을 쓰고 격하게 상하로 날듯이 뛰어오른다. 이것은 能樂師(노가쿠시)가 아닌 狂言師(교겐시)가 담당하며, 三番猿樂(산바사루가쿠)라고 이르듯이 옛 시절 猿樂·田樂의 계통을 잇는다. 아마 한국의 탈춤과 같이 중국으로부터 전해진 散樂의 계보에 이어질 것이라고 생각된다. 뛰어오르는 것은 신들림의 표현일 것이다. 지방에서 연극을 할 때에는 반드시 三番叟를 연기한다. 翁은 생략하고 三番叟만 하는 경우가 많다. 이것은 신의 등장을 표현하며, 신명풀이와 통한다.

사리가 명백해졌다. 한국과 일본에서 연극이 생겨난 과정은 동일하다. 生産神 또는 多産神의 神遊에서 연극이 생겨났다. 일본에서는 연극이 상승 문화로 승격되면서 원래의 모습은 흔적만 남아 있다. "한국의 탈춤과 같이 중국으로부터 전해진 散樂의 계보에 이어질 것이라고 생각된다"고 한 말은 부당하다. 神遊를 하는 農樂이나 田樂는 중국과 무관하게 독자적으로 형성되었다.

지금까지 소개한 반론에 추가해 田仲一成 교수는 〈趙東一教授のシンミョンプリ論について〉(〈조동일 교수의 신명풀이론에 관하여〉)를 일본어로 배부하고 발표했다. 카타르시스·라사·신명풀이가 연극미학의 세 가지 원리일 수 없다고 하는 것이 요지이다. 세계 여러 곳에 있는 신명풀이 연극은 모두 연극 이전의 것이어서, 카타르시스·라사·幽玄의 숭고미를 갖추는 데 도달하지 못했다고 했다.

신명풀이 연극은 한국이나 일본뿐만 아니라 세계 도처에 있다는 것을 인정했다. 그러면서도 연극의 기본 형태의 하나로 받아들이지 않아야 한다고 한 이유는 연극 이전의 것이라는 데 있었다. 카타르시스·라사·幽玄의 숭고미를 갖추지 않은 연극은 연극이 아니라고 했다. 숭고미가 아닌 골계미는 미가 아니라는 것과 같은 주장이다.

카타르시스·라사·幽玄을 동일시하고 차이점은 문제 삼으려고 하지 않았다. 카타르시스와 라사 사이의 치열한 논란에 대해서 관심을 가지지 않고, 幽玄은 어느 쪽과 어떤 관련을 가지는지 연구하지 않았음을 말해준다. 幽玄의 자리매김을 위한 비교 연구를 배제하고, 세계적인 범위의 일반 이론 정립에는 관심이 없는 것이 일본 학풍임을 확인할 수 있었다.

행사를 마치는 날 끝 순서로 총평이 있었다. 일본 측에서는 田仲一成가, 한국 측에서는 정진홍이 임무를 맡았다. 田仲一成는 경과를 정리하고, 정진홍은 자기 견해를 말했다. 귀국 뒤《대한민국 학술원통신》184호(2008년 11월 1일자)에 차하순, 〈제3회 한·일 학술포럼을 마치고〉와 정진홍, 〈제3회 한·일학술포럼 종합토론 (총평)〉이 실렸다. 이 두 글에서 나의 발표와 관련해서 말한 대목을 들고 소견을 말하고자 한다.

차하순은 말했다. 田仲一成는 "중국을 매개로 한·일의 神事藝能 특히 가면극의 차이의 유래를 밝히고자" 하고, 조동일은 "일본 能의 幽玄과 한국의 신명풀이를 대비시키면서 한국의 독특한 연극의 독자성을 강조하였다." "두 발표는 비교의 기준과 거점이 각기 상반되었으므로 당연히 상이한 결론을 도출할 수밖에 없는 것이었다."

정진홍은 말했다. "비교논의는 불가피하게 이방인 혐오증의 논거가 된다". "비교를 통하여 하나의 사실에 대한 특정한 인식에 '실증적'으로 도달하지만, 이것을 다시 검증할 수는 없다." "비교를 통한 인식이란 '자기 확인의 강화'일 수밖에 없다." "'역사-문화적 회고'에 바탕을 둔 비교는 이 딜레마를 벗어날 수 없다." "'범인류적 재앙'에 대한 '생물학적 상상력'을 마련하는 것을 대안으로 삼아야 한다."

한·일 양쪽의 발표를 대등하게 평가하는 것은 예의상 온당하지만, 학술 발표는 친선을 다지는 것 이상의 의의가 있다. 토론을 거쳐 공동의 결과에 이르는 것이 바람직하고, 공동 연구의 필요성과 과제를 확인해도 좋은 성과를 거둔다. 비교 연구가 잘못될 수 있다고 우려한 것도 이해할 수 있다. 나도 논문 서두에서 거의 같은 말을 했다. 내 연구는 우려해야 할 사례가 아니고 해결을 위한 방향 제시이다. 비교 연구는 사실에 관한 상호 조명으로 진행해 양쪽에 함께 타당한 보편적 원리 발견에 이르러야 한다는 것을 말하고 실제로 보여주었다. 비교 연구의 방법을 바로잡고자 하고, 공동 연구를 위한 제언으로 결론을 삼았다.

일본의 能와 한국의 탈춤이 자국의 선행 예능에서 유래했는가 아니면 중국에서 전래되었는가 하는 문제는 비교의 기준과 거점이 달라도 어느 한쪽으로 판가름이 난다. 상이한 결론을 도출할 수밖에 없다고 할 것은 아니다. 나는 能와 탈춤이 자국의 선행 예능에서 유래한 과정이 다른 여러 나라의 경우와 함께 대체로 일치하다가 방향이 달라졌다고 했다. 신명풀이는 한국 연극만의 독자적인 원리가 아니고 세계 연극미학의 세 가지 기본 원리 가운데 하나여서 일본도 공유하다가 幽玄이 이루어지자 뒤로 물러났다고 했다. 幽玄은 또 하나의 기본 원리인 라사를 일본에서 명명하고 규정한 유산이라고 했다.

나는 能와 탈춤의 유래를 사실에 입각해 실증으로 해명해, 다른 연구자도 누구나 검증할 수 있는 결과에 이르렀다. 그러면서 幽玄과 신명풀이의 비교 고찰은 보편성 발견을 목표로 하고, 연극미학의 기본 원리에 대한 세계적인 범위의 연구를 바로잡는 데 기여한다. 이방인 혐오증의 논거를 찾아 자기 확인의 강화에 이르자는 것은 아니며, 역사-문화적 회고의 딜레마라고 한 것과 무관하다.

오늘날 우려되는 범인류적 재앙이 밖에서 닥쳐온다고 여긴다면 부적절한 진단이다. 인류의 문화유산을 두고 우열을 가려 열등하다는 쪽은 망각하거나 폐기하고, 우월하다는 쪽이라도 왜곡하고 오용해 정신이 황폐해지는 자멸이 더욱 염려된다. 생물학적 상상력이라는 것을 대안으로 삼기보다 문화사적 가치에 대한 각성이 더욱 긴요하다. 이를 위해 한·일 학자가 협력해 마땅한 과제를 하나 제시한 것이 발표의 의의이다.

보충논의 2

모임을 끝내고 며칠 동안 일본에 머물면서 자료를 더 구하기 위해 나섰다. 여러 서점을 뒤져 필요한 책을 20여 권 샀다. 그 가운데 田仲一成, 《中國演劇史》가 있었다.[143] 서론에서 농촌의 祭

---

143) 東京: 東京大學出版會, 1998.

祀儀禮演劇 또는 巫系演劇에서 중국 연극이 시작되었다고 하는 관점을 택한다고 말하고, 제1장에서 이에 관해 고찰했다. 세계 연극사 전개의 일반적인 과정이 중국에서 인정되는 것이 당연하므로 새삼스러운 의의가 있다고 하기 어렵다. 혼란된 용어를 사용하면서 사례를 열거하는 데 그쳤다고 하지 않을 수 없고, 이미 이루어진 연구 수준에 이르렀다고 인정하기 어렵다.

굿 또는 제의에서 연극이 발생한 과정을 나는 한국의 경우를 들어 소상하게 고찰하고, 고대 그리스의 경우와 같고 다른 점을 밝혔다. 田仲一成 교수의 연구는 중국 또한 그리스나 한국과 유사한 과정을 거쳤음을 알려주기만 하고, 어떤 특성을 지녔는지 말하지 않았다. 미비한 성과이지만 이용 가치는 적지 않다. 이번에 발표한 논문의 입각점을 시정하게 한다. 중국에서는 굿에서 연극이 발생하고, 한국이나 일본은 연극 발생의 독자적인 과정이 없어 중국 연극의 수용으로 한국 연극이나 일본 연극이 이루어졌다고 할 수 없게 한다. 일본의 경우를 고찰하고 세 나라의 경우를 비교하는 과제가 제기되었다.

일본에서 구입해온 여러 책에 能의 발생에 관한 논의가 이따금 있어 도움이 된다. 田仲一成 교수가 발표에서 말한 것보다는 연구가 진전되어 있는 것을 확인할 수 있다. 松岡心平, 《能:中世からの響き》(《能: 中世로부터의 울림》)가 좋은 본보기이다. 연구사에 관한 논의를 갖추고 자기 견해를 제시한 것이 특기할 사실이다.

'延年風流'를 能의 모태로 보는 견해가 제기되었다가 비판을 받고 퇴조한 다음 "能의 성립의 연구는 다시 오리무중이라고 할 상황이다"고 했다. "내가 여기 제시하는 가설은 이런 상황을 타개하기 위한 한 시도이다"고 하고, "구체적으로는 翁(呪師)猿樂로부터의 전개를 중요시하는 한편, 唱導(說敎)劇 또는 그것을 육성하는 勸進猿樂(田樂)라는 시점에서, 能의 형성 과정을 고찰하겠다"고 했다. 猿樂와 田樂를 함께 거론하는 관례를 되풀이하면서 둘 다 특정한 형태를 들었다. 논의를 전개하는 과정에서 용어를 가다듬어 "勸進田樂과 鬼能", "呪師猿樂과 鬼能"의 관계를 고찰했다.144)

堀口康生, 《猿樂能の研究》(《猿樂能의 연구》)에서는 猿樂의 유래에 대해 독자적인 견해를 제시했다. "중세 농촌의 神事를 기반으로 전개된 鎌倉시대의 猿樂은, 呪師의 藝系를 끌어들여 翁猿樂를 本藝로 하고, 寺院 法會의 餘興禮였던 延年 등과 서로 영향을 끼치면서, 鎌倉시대 중기 무렵에는 극 형태의 能를 연출했으리라"고 추정했다.145) 猿樂가 대륙 전래의 散樂 가운데 하나라고 하지 않고, 일본에서 독자적으로 형성되었다고 했다.146)

猿樂는 田樂와 경쟁 관계를 가지고 발전했다고 했다. "농촌의 神事를 기반으로 能를 흡수하고" 오락성을 강화해 농촌에서 도시로 진출하던 단계를 지나, 田樂에 대한 猿樂의 승리가 이루어졌

---

144) 東京: 新書館, 初版 1998, 再版 2006, 37-38면.

145) 같은 책, 238-239면.

146) 東京: 櫻楓社, 1988, 238-239면.

다고 그 뒤의 경과를 말했다. "猿樂能가 대단한 변모를 겪고, 마침내 田樂를 압도해 밀어내고 중세를 대표하는 예능으로 성장하도록 한 것은 觀阿彌·世阿彌 부자의 공적이다"고 말했다. 147) 幕府 將軍의 애호와 후원에 힘입어 그럴 수 있었다고 했다. 田樂와 猿樂라는 두 가지 연극, 농민의 취향을 나타낸 하층 연극과 종교적 성향이 두드러진 상층 연극의 경쟁에서 뒤의 것이 집권층의 작용으로 승리했다고 이해할 수 있다.

山路興造, 〈藝能史における 猿樂能〉(〈藝能史에서의 猿樂能〉)에서는148) 대륙에서 전래된 散樂 가운데 하나가 猿樂이고, 猿樂가 能로 발전해 猿樂能라고 일컬어지던 것을 후대에 能라고만 했다고 했다. 널리 인정되고 있는 통설이어서 새삼스러운 의의가 없다고 할 수 있다. 그런데 猿樂能의 지방 전파에 관해 고찰한 대목에 주목할 만한 내용이 있다.

중앙에서 이루어진 猿樂能가 지방에 전파되어 전승되는 양상을 여러 지방의 경우를 들어 말하면서 다른 한편으로는 "지역의 민속과 함께 독자의 '能'를 지금까지 전승하고 있다"고 했다.149) 여러 사례를 모아 연결시키면 "鄕村의 祭祀에서" "先祖神이나 地主神"를 받들면서 "병이나 악령"을 물리치는 "山伏이나 巫女"라는 사제자가 방울을 흔들고 신의 춤을 추는 神樂을 "猿樂能"의 방식

---

147) 앞의 책, 239-241면.

148) 《能と狂言》 3 (東京: 能樂學會, 2005)

149) 같은 글, 23면.

으로 공연하고 "웃음을 일으키는 狂言을 적당하게 삽입한다"고 했다.[150]

猿樂能나 狂言이라는 말을 써서 중앙의 공연물이 지방에 전파되어 이런 것들이 생겨났다고 생각되도록 하는 것은 납득하기 어렵다. 그런 것들은 지방 토착의 제의에서 생겨난 연극이라고 보아 마땅하다. 그 과정과 양상이 고대 그리스, 한국, 중국 등의 경우와 기본적으로 일치한다. 고대 그리스나 한국에 관해 연구한 성과와 같은 것을 일본에서도 이룩하는 것이 당면 과제임을 재확인할 수 있다.

이상과 같은 논의에서 몇 가지 특징을 추출할 수 있다. 선행 작업을 널리 거론하면서 시비를 가리지 않고 자기가 알아낸 것을 말하는 데 치중했다. 각기 어느 국면에 관한 고찰을 하기만 하고 총괄론을 전개하지는 않았다. 자료에 나타난 사실을 고찰하는 데 그치고 이론적인 일반화를 시도하지 않았다.

실증적인 고찰을 상당한 정도로 해서 문제가 해결된 것 같지만 그렇지 않다. 能의 선행 형태라고 하는 것들의 유래와 상관관계는 고찰하지 않아 논의가 철저하지 못하다. 제의에서 연극으로의 전환이 일본에서는 어떻게 이루어졌는지 밝히지 않았다.

일본 연극 발생에 관한 총괄론을 갖추어 이론화하는 작업은 이제부터 해야 할 일로 남아 있다. 외국인은 전문 지식이 모자라게 마련이어서 이 작업을 모두 감당하기는 어렵다. 그러나 방향 제

---

150) 앞의 글, 21–23면.

시와 작업 개요 작성은 밖에서 더 잘할 수 있다. 비교 연구의 안목을 가지고 멀리서 보니 산맥에 해당하는 윤곽이 더 잘 나타나기 때문이다.

(가) 원초적 神事연극이 생겨나, 農民연극과 司祭연극으로 분화되었다. 앞의 것이 田樂이고, 뒤의 것은 猿樂이다. (나) 뒤의 것을 猿樂라고 한 이유는 대륙 전래의 散樂 공연자들이 참여해 외래의 요소를 첨가하고 散樂 가운데 하나인 猿樂와 유사하기 때문이다. 猿樂는 상층이 선호하는 문화 요소들과 개방적인 관계를 가지고 고급 연극일 수 있는 가능성을 지녔다. (다) 田樂는 둘로 분화되었다. 농촌에 머물러 종래의 방식대로 공연되는 田樂1도 있고, 猿樂에서 갖춘 연극 공연 방식을 받아들여 猿樂와 경쟁하는 도시 공연 예술로 된 田樂2도 있다. (라) 猿樂가 집권층의 애호와 후원에 힘입어 상층 연극으로 발전한 能가 되어 대단한 위세를 지니게 되어, 田樂와는 경쟁이 끝났다. (마) 田樂1은 전승되기는 해도 연극의 발전이 없다. 田樂2는 狂言으로 수용되고 能에도 흔적을 남겼다.

이런 개요는 한국과의 비교 연구를 위한 과제를 제시한다. (가)는 탈춤과 무당굿 놀이가 분화한 것과 같고 다른 면이 있다. (나)는 處容가무가 생겨난 것과 비교되지만, 처용가무는 연극으로 발전하지 못했다. 司祭연극인 무당굿 놀이가 농민 연극인 탈춤보다 더욱 폐쇄적인 점도 일본과 다르다. (다) 田樂1은 농촌 탈춤, 田樂2는 떠돌이 탈춤과 상통한다. 둘이 합쳐서 도시 탈춤이 되었다.

(라) 한국에서는 상층 연극이 생겨나지 않아, 幽玄의 대응물을 한시 이론에서 찾아야 한다. (마) 田樂1과 田樂2는 둘 다 기세가 꺾여 한국 탈춤에서 보는 것 같은 신명풀이를 살리지 못했다.

한·일 전통극 비교 연구에서 두 나라에 공통된 연극사 이론을 이룩하고 확대와 발전을 꾀하기 위해 힘쓰는 것이 마땅하다. 중국을 비롯한 동아시아 다른 나라의 경우도 함께 살펴 이론의 외연을 넓히고 내포를 가다듬는 것이 다음의 과제이다. 그 성과를 이용해 여러 문명권에 널리 타당한 세계 연극사론을 마련하는 데 유럽도 포함시켜 그쪽 학문의 일방적인 주도를 종식시키는 것이 바람직하다.

보충논의 3

이 대목은 보조연구원 조창열이 집필했다. 조창열은 중앙대학교에서 연극학 석사를 하고, 영국에 유학해 런던영화학교(London Film School)에서 영화학 석사 학위를 취득했다. 영화 연출이 전공이다. 단편영화를 몇 편 발표한 다음 장편영화 감독으로 진출하려고 준비하고 있다. 能와 탈춤을 영화학의 관점에서 어떻게 볼 것인가 하는 과제를 주고 독자적인 작업을 하도록 했더니 기본 내용이 다음과 같은 보고서를 제출했다. 가다듬으면서 보완해 여기 내놓는다.

(1) 수직적 문화와 수평적 문화

能가 극도의 형식미를 갖추는 방향으로 발전하고 탈춤이 신명 풀이를 기본으로 삼은 것은 일본과 한국 사회가 지니고 있는 근본적인 특질 때문이라고 생각한다. 일본의 문화는 전체주의가 지배하고, 전체주의의 핵심은 규율에 의거한 개인의 희생이다. 武士가 향유한 能의 내용도 당연히 그런 것을 반영해, 主君에 대한 맹목적 충성, 죽음으로 지키는 명예 등을 칭송했다. 能는 劍에 의한 수직적 지배 구조에 대한 찬가이다. 자신을 버리고 질서와 규칙을 따르는 숭고함을 보고 향유자들이 감탄했다.

이와 같은 특징을 가진 질서와 규칙에 대한 순종이 내용뿐 아니라 그 형식까지 결정했다. 能의 전수자들은 스승의 동작을 정확히 따라하는 것을 절대적인 규율로 삼았다. 이런 태도가 그 내용과 정확하게 일치해 고도의 형식미학을 발전시켰다. 규율과 체제에 순응하는 숭고함을 표현하면서 엄격한 형식을 지키는 것이야말로 예술의 주제와 형식의 극치점이라 여겼다.

탈춤은 일탈과 전복을 일삼았다. 상하를 뒤집고 권위를 조롱하는 내용이 형식에 구애받지 않고 자유롭게 열린 구조를 이룬 것이 당연하다. 관객은 탈춤이 다루고 있는 내용의 파격에서뿐만 아니라 자유롭고, 혼란스러워 보이는 형식에서도 쾌감을 느꼈다. 한국의 경우에는 탈춤만이 아니라 다른 어느 예술 갈래에도 형식이 주제와 내용을 압도하는 것은 없다. 다루고자 하는 핵심 주제가 순종보다는 전복에, 질서보다는 파격에 더욱 열광하는 한국인의 특성을 반영하기 때문이다.

이러한 사실은 오늘날 영화에서 분명하게 나타난다. 한때 아시아를 사로잡던 홍콩 영화 필름누아르(film noir)라고 규정되는 활극물에서 거대한 힘과 질서에 개인이 함몰되어 생기는 비장한 설정을 한국에서 개작하면 희극이 되어버린다. 힘 있는 자들 사이에서 생기는 비극이 힘 있는 자들을 조롱하는 희극으로 바뀐다. 한국의 영화 현장에서 가장 인기를 끄는 작품은 희극과 비극이 뒤죽박죽인 이야기이다. 서양 영화의 갈래 이론으로는 분석 불가능한 것들이다. 이런 것들을 좋아하는 관객의 취향에 탈춤을 즐긴 전통이 잠재적으로 이어지고 있다.

연극과 영화 양쪽에서 발견되는 사실을 들어 일반론을 마련할 수 있다. 수직적 성향을 가진 사회의 예술은 비장미와 숭고함을 강조하는 형식을 존중하고, 수평적 성향을 가진 사회의 예술은 파격과 역동성을 지향하는 열린 구조를 가진다고 할 수 있다. 能와 탈춤이 이런 차이점을 극명하게 보여준다.

(2) 극장 연극과 야외 연극

한때 이 문제를 두고 고민한 적이 있었다. 이제야 탈춤은 극장이 필요하지 않았다는 것을 안다. 탈춤은 극장으로 가지고 가면 죽었을 것이다. 극장 공간은 질서와 서열을 규정짓는다. 관객의 서열순으로 객석을 배정할 수 있다. 이렇게 하는 것은 탈춤과 전혀 맞지 않는다.

상층 취향의 연극은 극장을 필요로 하고 중요시한다. 무대와 객석을 구분하고, 객석을 관객의 신분에 따라 배정하는 것이 연극에서 보여주고자 하는 질서관과 합치된다. 能에서 공연에 못지 않게 극장의 형식미를 중요시한 것은 당연하다. 能는 이 점에서 다른 어떤 연극보다 앞선다고 할 수 있다.

탈춤을 극장에서 공연한다면 어떻게 되었을까? 맨 앞 좋은 곳에 앉아 있는 양반들을 풍자의 대상으로 삼을 수 없었을 것이다. 뒤쪽에서 구경하는 하층 관객과 직접 소통하는 것은 불가능했을 것이다. 이 둘은 탈춤 성립의 기본 조건에 관한 것이다. 실내 극장으로 들어가면 날씨에 구애되지 않고 공연할 수 있고, 입장료를 징수하기 쉬운 이점이 있으나 탈춤 성립의 기본 조건이 무시되면 소용이 없었다.

변화가 일부 나타나기는 했다. 봉산탈춤을 공연할 때에는 후원한 상인들이 놀이판 외곽에 죽 둘러가면서 다락을 만들고 음식을 팔았다. 다락에 올라가 음식을 사 먹으면 입장료를 낸 것과 같았다. 수영야유에서는 긴 막대를 세우고 사방으로 맨 끈에 촛불을 켜서 공연장 안팎을 구분하고 조명을 했다. 관객은 떨어지는 촛농을 막아주는 고깔을 사서 들어가야 했는데, 그 돈이 입장료인 셈이다. 이러한 방식을 도입해도 탈춤이 원형 무대의 야외극이라는 기본 조건은 조금도 훼손되지 않았다.

위에서 든 정도에 멈추지 않고, 탈춤이 더욱 상업적인 공연이 되어 극장 공간으로 들어갔으면 본래의 가치를 잃어버렸을 것이다. 오늘날의 문화 전승 공연은 실내 극장을 사용하는 경우가 흔히 있어 탈춤답지 않은 것을 보여준다. 탈춤이 극장을 가지지 못한 것은 덜 발달된 형태이기 때문이 아니라 자기 길을 가는 최상의 선택이었다. 극장의 유무는 연극의 발전 단계와 무관하다. 마당극 또는 마당놀이로 새로운 연극을 창조하면서 앞서나갈 수 있었다.

또한 극장의 유무는 공연 방식과 직접적인 관련이 있다. 한 면만 보이는 사면체 극장과 전면이 보이는 원형의 놀이터는 연기자의 몸짓을 다르게 한다. 한 면만 보이면 2차원의 동작에만 유의하면 되고, 미세한 표현을 중요시하게 마련이다. 전면이 보이면 동작이 크고 역동적이어야 한다. 실내 공연에서는 정교한 손동작을 발전시킬 수 있으나, 야외에서는 온몸을 크게 움직여야 한다. 能를 탈춤처럼, 탈춤을 能처럼 공연할 수 없다.

(3) 영화로 이어지는 차이

能의 특징은 오늘날의 일본 영화로 이어진다. 세계적인 영화감독으로 평가되는 오즈 야스지로(小津安二郎, Ozu Yasujiro)의 작품을 보면, 형식미의 극치를 보여준다고 하고 있다. 〈동경 이야기〉에서 감독은 카메라를 일본인이 다다미에 꿇어앉은 높이에 고정한 채로 전체 영화를 찍었다. 다룬 내용은 세상의 흐름에 고통스럽지만 순응하는 노부부의 이야기이다. 질서에 순응하는 자세를 형식미를 최대한 갖추어 나타낸 점에서 能의 예술 미학과 놀랍게도 일치한다. 그밖의 다른 감독들도 깔끔한 형식미를 그 전면에 내세운다.

한국에서 봉준호 감독이 만든 〈괴물〉의 핵심은 혼돈과 전복이다. 형식에서도 파격으로 일관했다. 희극과 가정극, 정치 성향에 괴수 이야기까지 마치 각 과장마다 내용이 다른 탈춤에서처럼 파격적으로 결합되어 있다. 한국 영화의 희비극적 복합 갈래 특성을 대변한다고 할 수 있다. 이와는 다르게 형식미를 강조하는 홍상수 감독이나 비극적 순종을 자주 다루는 김기덕 감독은 해외에서는 호평을 받아도 국내 관객들에게는 처참할 정도로 외면당한다. 현장에서 가장 자주 듣는 이야기도 마찬가지이다. 서양식 갈래 이론으로는 도저히 이해하기 힘든 복합물에 웃음과 눈물이 섞여 혼란스러우면서 역동적인 영화가 투자자나 관객에게 사랑받는다.

일본 영화는 能를, 한국 영화는 탈춤을 잇고 있는 것은 감독을 비롯한 여러 제작자들이 의도적으로 시도하기 때문이 아니다. 스스로 의식하지 않는 가운데 정해져 있는 방향을 따르고 있다. 전문적인 지식은 없는 관객의 취향이 결정적인 작용을 한다. 전통 계승이 잠재의식의 차원에서 이어지고 있는 증거이다.

전통의 우열을 가리는 것은 부당하다. 할 수 있는 것을 더 잘 하는 작업이 자기를 위하면서 서로 도움이 되는 길이다. 일본 영화도 아니고 한국 영화도 아닌 동아시아 영화를 만들 수 있으면, 각자의 능력을 한데 모을 수 있을까? 이렇게 생각하는 것은 일본의 취

향과는 맞지 않은 한국 방식의 발상인가? 이 문제를 제기하면서
논의를 마친다.

Abstract

Comparing "yūgen" of Japanese Noh and "sinmyongpuri" of Korean Talchum

Japanese Noh and Korean Talchum are mask dance plays. But their principles, Noh's "yūgen" (profound sublimity) and Talchum's "sinmyongpuri" (displaying enthusiasm), are quite different, and indeed almost opposite. Yūgen is a refined and elegant beauty felt in the inner mind, while sinmyongpuri is an energetic expression of collective merrymaking. To understand why they are so different, I attempted a comparative study of the two.

Noh seems to have originated from dengaku(field music), a communal performance with lively gestures, just like Korean nongak (farmers' music) and Talchum. But the founding father of Noh, Zeami, made changes in his later years: the tempo became slower, the dancing became more polished, and the content became more sophisticated. The artistic ideal of the new form was called "yūgen." The Japanese military ruling class welcomed it and hoped to realize the ideals of upper class culture through drama.

The Korean civilian ruling class did not favor the performing arts, instead devoting themselves to cultivating poetry in written Chinese.

The famous poet Yi Saek, Zeami's 14th century contemporary, formulated the theory of *mula—ilsim* (nature and humanity are of one mind), which was similar to yūgen. Transmitted as lower class culture, Korean Talchum maintained nongak''s rustic character and developed it into a large scale play that satirically portrayed privileged persons.

Sinmyongpuri is one of the basic principles of dramatic art, along with catharsis and rasa. Catharsis is derived from ancient Greek drama. Rasa is the aesthetic ideal of Indian drama in the middle ages. As these two principles are valid beyond their original sources, sinmyongpuri, though it is a Korean word not known widely, can demonstrate the third principle of world drama. The three principles can be compared as following.

Catharsis has a destructive conclusion, while rasa and sinmyongpuri have happy endings. Rasa focuses on congenial relations, while catharsis and sinmyongpuri are judgements on hostile relations. Sinmyongpuri has an incomplete and open structure, while catharsis and rasa have complete and closed structures. Using these criteria, yūgen can be identified as the Japanese term for rasa.

Korean Studies in
the Global Age[151)]

1

Distinguished guests and academic colleagues! Now we are attending an epoch−making academic conference. The international seminar for "Perspectives on Korean Culture", held here in New Delhi from October 7 to October 9 2005 is an important milestone in the international development of Korean studies and in the friendship of our

---

151) 이 글은 2005년 10월 9일 인도 뉴델리 네루대학(Jawaharlal Nehru University) 의 학술회의 "Perspectives on Korean Culture"에서 기조 발표를 한 원고이다. *Interrelated Issues in Korean, East Asian and World Literature* (Seoul:, Jipmoon dang, 2006)에 수록했으나, 이 책에서 할 말을 미리 요약한 것 같은 내용이어서 다시 내놓는다.

two countries of India and Korea.

This conference is officially offered by The Center for Japanese and North East Asian Studies of Jawaharlal Nehru University, as Korean section is included in it. And this conference is actually planned, with the support of Korea Foundation, to commemorate the 10th anniversary of Korean studies programme and the 559th Hangeul Day. Hangeul, the Korean alphabet was made at October 9 1446.

Such an unusual situation inevitably brings to mind the unhappy memory of Japanese colonial rule over Korea. Independence is an indispensable condition for the normal growth of a nation as well as an academic field. I do not like isolation, and want cooperation. But each must be free to realize genuine mutual understanding and help.

2

Korea was one of the countries who lost their sovereignty and became colonies. The colonizer was Japan, a neighbour in the East Asian civilization sphere. This was a peculiar case. East Asia was a single civilization sphere with highly homogeneous and interrelated national cultures. When European powers invaded the whole world, the individual nations went their separate ways. Japan disavowed their membership in the East Asian civilization sphere and sought to join the ranks of the colonial powers. China became a semi-colony and suffered civil war. Vietnam lost independence and became a colony of France. Korea was colonized not by a European nation, but by an old friend, Japan.

For this reason, Koreans were more unfortunate than other nations in Asia and Africa that also suffered colonial rule. The modern knowledge of the West was introduced indirectly by way of Japan, making a deep understanding of it impossible. Japan failed to secure the moral superiority that would justify their colonial rule, and so enforced a military rule that leaned toward brutal fascism, utterly denying freedom of press or thought.

But Korea succeeded in inheriting two precious traditions: the high level of learning that originated with the East Asian civilization sphere and the creative varieties of national culture. Putting these indigenous abilities to effective use, Korea obtained independence, modernized socially, and developed economically. That is the reason why Korea became the forerunner of Third World countries.

Korea is divided into North and South. The military tension is still strong. Though a milestone in the journey toward peaceful coexistence has recently been reached, there are still many difficulties ahead before reaching the goal of a unified Korea. As the political situation is gloomy, cultural abilities have to offer a hopeful perspective. It is the great duty of scholars of Korean studies to correct the distortions of culture wrapped up in politics, and to put forward a persuasive alternative view based on wide ranging, in—depth research.

Accumulating the results of extensive research, we scholars of Korean studies have to prove and make widely known the fact that Korean people's long history and splendid tradition are the source of energy that will enable us to overcome the North—South division. While recognizing anew the homogeneity of the East Asian civilization sphere, we have to once again forge closer ties with neighboring countries. At the same time, we have to continue to clarify and discuss the ethnic differences and distinctive characteristics that have contributed to creating variety within this homogeneity. To achieve world peace and attain the kind of development of world history that we all wish to see, Korea has to go beyond pessimism by asking what East Asia can contribute from the viewpoint of idealism.

Currently, there is an argument going on over the assertion that Korea has to play a balancing role in East Asia. In relation to the military aspect this is completely unthinkable. In terms of politics there are also many difficulties, and a consensus has still not been reached. The state of affairs on the Korean peninsula has given rise to an even greater degree of anxiety. But in terms of culture, the claim that Korea can play a balancing role is perfectly reasonable. In this case it is not only possible, but also convincing and desirable.

In the East Asian civilization sphere, China has been at the center, Japan at the periphery, and Korea and Vietnam in intermediary positions. Maintaining a close relationship with both the center and the periphery, Korea had a good understanding of the overall extent and structure of the East Asian civilization sphere and was able to map out a middle way that avoided extremes. By conducting proper research into these historical origins and by being aware of both the center and the periphery, we will be able to make a positive contribution to bringing unity to East Asia once again.

3

Korea is facing various international challenges these days, including Chinese claims on the history of Goguryeo and Japanese distortion of history textbooks. But narrow-minded national defence is a worn-out countermeasure. Korean scholars must have a universal world view to persuade scholars of Chinese and Japanese studies to move in a different direction. To awake them to the fact that China's superpowerism and Japan's imperialism are impediments to scholarship, a more convincing view of history has to be developed.

To take this point one step further, we have to take up the task of expanding the field of comparative studies and establish a general theory that is applicable on a worldwide level. By going beyond nationalism toward universalism, we have to provide the direction that will lead all of mankind into the next era. Only Korean studies that are not just Korean studies are true Korean studies.

I have long conducted comparative research of Korean literature with the literatures of the other countries of East Asia, China, Japan and Vietnam, have obtained many meaningful and valuable results. If we are aware of the overall nature of East Asian literature, we can also clarify our understanding of the literatures of each country within the region. Furthermore, only by conducting comparative research into East Asian literature and the literatures of Europe and various other civilizations can we recognize their specific characteristics and speak with any authority about the entirety of world literature.

Comparative research is also necessary in order to discard our self-centeredness and come to an understanding of others. It's a big mistake to make the claim that globalization is an inevitable trend at this time while still pursuing the exclusive economic benefit of one's own nation or trying to transplant one's own values into another country. In order to correct this kind of mistake, we need to carry out genuine comparative research based on equality and a wide variety of perspectives.

Until now, comparative literature has tended toward microscopic studies and been devoted to proving relationships of influence. We now have to carry out macroscopic comparisons and make an effort to discover the points of difference and commonality in each independently established literature or culture. Comparative literature's most important tasks and goals must be to discard the bias of Eurocentricism, conduct research into the numerous literatures of the world from an equal viewpoint and illuminate the universal aspects and values of all of world literature.

4

Through broad comparative studies, I tried to find the Korean role in the global age. This is the answer. The most valuable contribution that the Korean cultural tradition can make is in the creative activity of harmonizing things that are essentially different in order to create new values. The wisdom that establishes harmony while acknowledging conflict and encourages growth while not denying antagonism is the best way of solving the countless problems that we face today.

On the basis of this principle, conflict is reconciliation and reconciliation is conflict. The idea that overcoming is becoming may be termed the "overcoming–becoming theory"(saenggeuk ron). The "overcoming–becoming theory" is the only way of expressing the term saenggeuk ron in English. The dialectic of the "overcoming–becoming theory" functions through the corrective tendency in "overcoming" to move toward "becoming."

We can ascertain the origin of this way of thinking in the Silla period writer Choe Chiwon who maintained that the profound Way (do) that existed in our country was also contained in Confucianism, Buddhism and Taoism. He stated that the manifestation and process of recreation that took place as a result of the fusion of our indigenous culture with Confucianism, Buddhism and Taoism was unusual and profound. In every age, figures such as Wonhyo, Iryeon, Choe Je–u and others established new systems of thought by absorbing cultures from various outside sources and recreating them by harmonizing them with the indigenous culture.

Husbands and wives, parents and children, and brothers and sisters, while believing in different religions and even engaging in arguments, still do not break off relations but continue to live together in harmony. From outside Korea this is an amazing thing that is difficult to understand, but Koreans consider it to be completely natural. This kind of wisdom that is necessary for our future is appearing for the first time in human history and is now being tested in Korea.

Korean mask dances dynamically demonstrate the paradoxical idea that conflict is reconciliation and reconciliation is conflict both between the characters that appear in the performance and between these characters and the spectators. In other forms of Korean performing arts as well, the appeal of performances that make our minds feel comfortable even while they increase our feelings of tension has given rise to the phenomenon of the "Korean Wave"(hallyu), which is currently receiving a rapturous welcome in many countries in East Asia.

Let's take a look at the Korean dish, bibimbab, which demonstrates a unique characteristic of Korea. The various ingredients, while continuing to exist in themselves, come together to form a harmonious unity, showing that overcoming is becoming and becoming is overcoming. New types of electrical products such as mobile phones, for example, are created in this way and are give pleasure all over the world.

5

Now the whole world is facing crisis. In order for us to be able to go beyond the increasing conflict resulting from competition in the fields of science and technology, and economy and politics, the humanities have the mission of demonstrating the rationality of living in accordance with such ideals as the unity of the human race. That is to say, we have to go beyond the clash of civilizations and strive for their reconciliation and unity. The most valuable tradition of Korean studies is the wisdom of humanities.

The situation in the world today is such that while class conflict has been eased to some extent thanks to the positive contributions of technological and economic development, a different kind of serious conflict, namely ethnic conflict, has become even more severe. Because of these ethnic conflicts, blood is being shed in numerous places around the world, such as Northern Ireland, Palestine, Chechnya, Iraq, Afghanistan, Sri Lanka and Tibet. The mission and task at hand for the humanities is to carry out research into the true nature of the main causes of these ethnic conflicts, such as religion, language, customs and history, and provide a diagnosis for them and insights with which to solve them. If we doubt the value of the humanities, then the future of the world looks dark indeed.

Even though we have to continue to strive for the improvement of living standards and social equality, life's satisfactions, such as internal, and spiritual fulfillment, which material development alone cannot provide, have to be provided by the humanities. From ancient times until the Middle Ages, the humanities held sway over scholarship. Then in recent times the social sciences have split off from the humanities and have taken pride in their own independent growth, while the natural sciences have emerged demonstrating their own power and pushing the humanities into the background. In order to go beyond the contemporary era and create a new era, the humanities have to come to the fore once again. It is the mission and task of the humanities to play the leading role once again in providing an overarching theory for all branches of scholarship.

The post—modernist idea prevailing in the West that history is coming to an end is a fallacy. There must be hope in the twenty—first century. We have to go beyond the conflicts of the present and create the next era in a more desirable way. The Western philosophy of history, while recognizing the defects and limitations of the present age, has been unable to put forward any alternative. This is evidence of a failure of thinking. We cannot just stand by and watch while all that humanity has considered valuable up to the present, such as history, logic, values, and so on, is held up for ridicule and rendered futile.

We have to engage in rigorous scholarship, equipping ourselves with sound logic and a proper set of values, in order to go beyond the present age and participate creatively in history as we go forward into the new era. The leadership role of the First World has come to an end, the opposition of the Second World has lost its effectiveness, and it is now time for the Third World to take the lead. In this regard, the cooperation between India and Korea is very important.